中国を見破る

楊 海英
Yang Haiying

PHP新書

中国を見破る

目次

序章　私の体験的中国論

I部
中国の本質を見破る視点①
歴史を「書き換える」習近平政権

Ⅱ部

中国の本質を見破る視点②

「他民族弾圧」の歴史と現在

III部

中国の本質を見破る視点③

「対外拡張」の歴史と現在

おわりに——結章にかえて——

部・章扉の挿絵

序章　「新華社新聞展覧照片」1980年
Ⅰ部　「團結起來、爭取更大的勝利」薛斌播（人民美術出版社）1975年
Ⅱ部　「我國是一個團結的統一的多民族國家」馬宏道、倪芳華（上海教育出版社）1970年代
Ⅲ部　「映山紅迎貴賓」金銘（上海人民出版社）1978年
おわりに　「熱烈歓迎華国鋒主席」1977年、作者不明

※いずれも著者所蔵。出典は、楊海英編『モンゴル人ジェノサイドに関する基礎資料(14)―絵画・写真・ポスターが物語る中国の暴力』風響社、2022年。

序章

私の体験的中国論

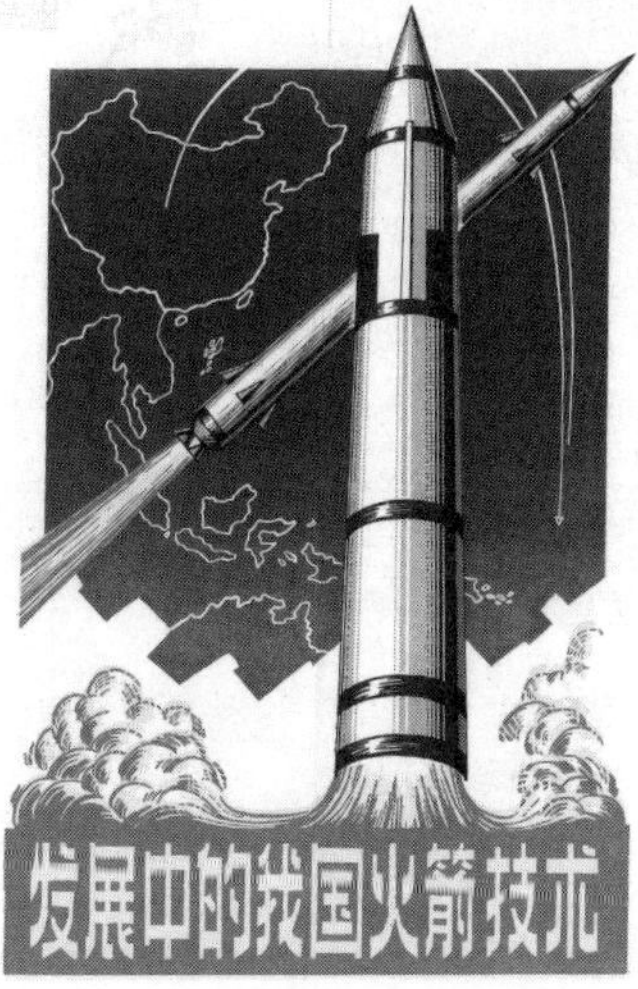

「我が国のロケット技術はまだ発展途上だ」と記された1980年の中国のプロパガンダ・ポスター。当時は韜光養晦の時代。実力を持つまでは爪を隠そうとしていた時代をあらわしている。ちなみにこうした現代中国のポスターは、ナチス・ドイツ、ソ連と並んで、「世界三大プロパガンダ・ポスター」として有名。プロパガンダに力を入れて世界と自国民を操ろうとするものである。(著者所蔵)

■中国の本質を見破る3つの視点

中国語のＳＮＳを眺めていると、日々色々な発見がある。反日の内容で溢れているからだ。

直近では、２０２４年6月24日、中国南東部の江蘇省蘇州市で日本人学校に通う児童とその母親が中国人に刃物で刺された。

その少し前の6月2日のニュースも日本中を驚かせた。中国人の男が靖国神社に侵入、石柱に落書きするなど狼藉を働いたのだ。これまでも似たようなケースがなかったわけではない。そのたびに、在日中国人で日本人と友好的に暮らしを営んでいる方などは嫌な気分になっているのではないだろうか。

また、世界的に有名な日本の観光名所、たとえば奈良の唐招提寺のような建築物をなぜか中国文化のコピーだと思い込んでいたり、観光に来ていながら、日本人は嫌いという人もいたりする。

日本では歴史の教科書でしか見ることのなくなった「倭寇」という言葉を見かけること

もある。現在でも「倭奴」「日本鬼子」と同様に、日本人を侮辱するときのスラングとされている。

中国語のSNSに限らず、ネットで日本や日本人の悪口を見ることは珍しくない。ことさらに取り上げて非難するほどの問題だとは私も思わない。

けれどもわざわざ冒頭からそのようなことを書いたのは、こうした中国人の言動が、私から見てとても「中国的」であるからだ。そして、本書で論及していくことになる「中国の本質」、あるいは「中国人の本質」に深くかかわる宿痾《しゅくあ》であると常々感じているからだ。

中国に古くから中華思想があることはよく知られている。中国が世界の中心であり、自分たちの思想や文化が最も価値のあるものだとする思想のことである。中国人といっても、主に漢人（漢族、または漢民族）が、儒教的な思想を背景に、ずっと抱いてきた価値観といってもいい。

周辺の国々や異民族を「夷狄《いてき》」と呼び、東夷《とうい》・西戎《せいじゅう》・北狄《ほくてき》・南蛮《なんばん》などと呼び、四方の異民族には「四夷《しい》」という蔑称もつけた。それが中華思想のあらわれであることはいうまでもない。

この中華思想を含めて、私が中国の本質と考えるものはいくつかある。本書では、次の

3つの視点から解き明かしていくことにする。

①歴史の書き換え
②他民族弾圧
③対外拡張（領土拡張）

中国という国家の動静を報道するニュースはとめどなく目に入ってくるが、たとえば台湾有事と尖閣諸島の問題は、①の「歴史の書き換え」と③の「対外拡張」のあらわれであり、内モンゴル自治区や新疆《しんきょう》ウイグル自治区、それにチベットの問題はまさに②の「他民族弾圧」そのものである。

②の他民族への弾圧は時折、日本人も意識するものではあるだろうが、①の歴史の書き換えや③の対外拡張はどうしても他人事と思い、見過ごしがちになるはず。それは致し方ないことでもあるが、近いうちに、自分たちの身にも降りかかってくる危険性がある。中国の本質を正しく見極めると、そのことが偽りではないことを感じとっていただけるはずだ。中国を見破る。これはもはや全人類の共通課題である。

■モンゴル、中国、日本……そして私・楊海英

日本の読者に向けて、中国の本質を語ることは、私にとって特別な意味がある。しかしながら、私の名を初めて目にされる方は、「楊海英とは何者か？」と思われることだろう。そこで、私がこれまで見聞きしてきたモンゴル人と中国人の対日感情を、年代を追って紹介することで、私・楊海英（モンゴル名はオーノス・チョクトで、日本名は大野旭）についても知ってもらえればと思う。私の人生を振り返ると、モンゴル、中国、日本の関係性が見えてくる。そう考えるからだ。

まず私が生まれ育った土地は今、内モンゴル自治区と呼ばれている。かつて蒙疆《もうきょう》やモンゴル自治邦と呼ばれた時代は、実質的には帝国日本の支配下にあった。

ただ、日本に虐げられているという感覚はなかった。というのも、モンゴル軍の騎馬兵だった父は、幼い私に「日本人のように正直に、公平に、規律正しく生きなければならない」とよく話してくれたからだ。

私は1964年生まれだが、2年後にあの悪名高き文化大革命がはじまった。中国全土

写真1　南モンゴルの首府フフホト市のかつての駅舎。日本時代の厚和《フフ》駅。当時のフフホトは厚和《フフ》と呼ばれていた。フフはモンゴル語で青を意味し、ホトは都市で、フフホトは「青い都」。日本時代の駅舎は1950年代末まで長距離バス・ターミナルとして利用され、のちに共産党に「日本による中国侵略のシンボル」だと断じられて破壊された。（著者所蔵）

を混乱に陥れたことでのちに「災難」とまで評されるこの文革は10年も続いたのだが、私が12歳のときにようやく終わった。中国と無関係なはずのモンゴル人も故郷が中国に占拠されたがゆえに、大量虐殺の対象とされた時代である。

　高校生になった私が、日本語の勉強をはじめると、家族は皆、よろこんだ。わが家が特別なわけではなかった。南モンゴル（この章では、あえてそう呼ばせていただくことにする！）には知日家が多く、傀儡《かいらい》政権を置かれた植民地という意識は薄かったからである。

　私が高校に入学した1980年は、あとで振り返ると特別な年だった。文革が終わって

3年がたち、ようやく大学入試制度が再開された、その翌年だったのだ。

中国の大学は、文革期には入試がなかったと記憶している。大学の機能はほぼストップしていた。そうなると、共産党幹部の子弟だけが入学できることになる。

文革が終わった翌年から、大学は学生を受け入れたのだが、文革中はまともな教育が受けられなかったから、中学・高校で以前の学生ほどは勉強をしていない子供たちが、そのまま大学生になったわけである。

私は、小学5年のときに文革が終わったので、中学生になってからは猛烈に勉強した。そして、地元の南モンゴルにあるオルドスの高校に進学した。

高校の先生には、この南モンゴルの地に下放された、もとはフフホト市や北京、それに上海などで暮らしていた知識人たちがいた。下放とは、中国共産党幹部や知識人が農民の生活と仕事を体験することである。文革期には、大学教授などの知識人が農村地域に下放された。「反革命知識人」「反動分子」と糾弾され、紅衛兵や中国人（漢人）農民から暴力を受けた知的エリートたちもいた。

■「下放知識人」たちによる授業

私が入学した高校では、元大学教授などが先生だった。中国人〈漢人〉の先生もいた。「知識青年」という用語があるが、こうした先生は、私からすると「下放知識人」と呼ぶのがしっくりくる。彼らの授業は、今思い出してもレベルが高くておもしろかった。

当時、歴史の教科書をひらくと〈中国共産党が全人民を率いて、日本軍に勝利した〉と書いてあったように記憶している。

しかし先生は「これは全部ウソだよ。僕らは日本軍にいたけど、中国共産党と戦ったことは一度もない。蔣介石《しょうかいせき》の国民党軍と戦っていたのだ。ただし、大学入試に出るから、ウソと承知で暗記しなさい」といっていた。戦争の現場にいた人の話だから、疑いようがない。

「日本軍は、教科書に書いてある通り、村を襲って殺人や放火、強姦を働いたんですか？」と尋ねると、先生は「そんなわけないよ！　日本軍は規律正しかった」と怒っていた。

満蒙という用語は聞いたことがあるだろう。中国東北部の満洲と、内蒙古〈内モンゴル〉

を指す。その地に1932年、満洲国が成立するが、満洲国の軍隊には、日本人部隊、モンゴル人部隊、高麗人部隊があって、先生はモンゴル人部隊に所属していた。

先生は、南京事件の記述も「デタラメだ」と語っていたように思う。教科書を否定する知識人の反骨精神は、十代の私たちには刺激的だった。

「日本人はどんな人たちだった？」と尋ねたとき、先生が「礼儀正しく、清潔だった」と答えたことは強く印象に残った。父の言葉は嘘ではなかったのだなと子供ながらに確信した。ちなみにこの清潔というのは、衛生的な意味もあるが、洗練されていたという意味でもある。

私が日本語を教わった朱先生は、仙台の東北帝大（同大の医学専門部の前身が仙台医学専門学校）に留学したというから、のちの「文豪」魯迅の後輩だった。戦時中は満洲国の役人だったそうだ。真夏でもシャツのボタンを首もとの一番上までかけていた。いつも始業の5分前に教室へきて、授業を終えるとさっと帰っていく。パーフェクトな日本語で、父や先生から聞いた日本人のイメージそのままだった。私の家族だけでなく、モンゴル人には知日家が多いとは思っていたが、漢人にも親日派がいることは意外だった。

先生たちは知識人だから、文革期に紅衛兵と漢人農民などから暴力を受けたようだった。障害が残って足を引きずっている先生もいた。

■北の草原からきた異民族の新入生

下放知識人に教わった私の学年は、40人ほどいて、そのうち1人が浪人しただけで、全員が難関大学に合格した。紅衛兵の暴力で後遺症がある校長先生は、共産党から「全国労働模範」として表彰されていた。当時の中国全土の大学進学率は4％程度だった。

私たちが卒業した年、知識人の先生たちはみんな大学へ戻ってしまい、大学合格率は翌年から従来のレベルに下がったそうだ。奇跡的なめぐり合わせで、難関大学へ進んだ同級生たちは、現在も各界の要職で活躍している。

私は日本語を勉強するため、北京第二外国語学院（大学）に進学した。この大学（以下、第二外大と略す）は、政府の外交部（日本でいえば外務省）とつながりが強く、外交官をめざす学生が多かった。周恩来《しゅうおんらい》が初代名誉学長で、今の王毅《おうき》外相は私の6年先輩にあたる。

第二外大に漢人以外から入学したのは、どうも私が最初だったようだ。入学したての頃は「草原からきた奴って、どいつだ」と先輩たちが、学生寮へ見物にきた。

写真２　1983年秋に北京第二外国語学院に入学した後、同窓生たちと天安門広場で人民大会堂を背景に撮った記念写真。同窓生たちはみな、日中関係の仕事に従事している。前列左から３人目が著者。（著者所蔵）

アジア・アフリカ語学部で日本語学科の教授は、ほとんどが旧満洲国の知識人か愛国華僑だった。愛国華僑というのは、日本に住んでいた華僑の人たちで、政府の「祖国が新中国になったよ。すごく発展している。あなたたちの力が必要だよ」という誘いに乗って中国に渡った人たちだ。各国語に愛国華僑の先生たちがいたが、二世・三世なので中国語があまりできない人もいた。

旧満洲出身の日本事情を教える先生がいて、講義のたびに「満洲国は素晴らしかった」という話が出た。何がよかったかといえば、白米のご飯が毎日食べられたというのだ。

確かに文革世代は、お米のご飯を食べることがほとんどなかった。たいてい高粱《コーリャン》などの雑穀を食べた。高粱は中国北部産の青いモロコシの一種だ。私が初めてお米や小麦粉の饅頭を食べたのも、北京へ出てからだ。

モンゴル人はもともとお米を食べる習慣はなく、肉と乳製品がエネルギーの源である。しかし文革中は、肉と乳製品を禁じられ、やはり高粱やモロコシなどを食べていた。遊牧民にとっては慢性的な栄養失調で、育ち盛りなのに力が出なかった。

満洲国出身の教授は「君たちは白米の飯を食べたことがないだろう」と言った。北京出身の学生たちも、ほとんど食べたことがなかったはずだ。

私のイメージでは、旧満洲などの東北部こそ高粱ばかり食べていると思っていたら、教授は「高粱は畜生が食うものだ」と言いはなった。畜生というのは、家畜と中国共産党の両方を意味していた。漢人の教授でも、共産党を嫌い、満洲国を懐かしむ人はいた。学生たちは、満洲国は生活水準が高かったと知って驚いていた。

その先生は「日本軍とソ連軍はまるで違った」と話していた。日本が負けたあと満洲に入ってきたソ連軍は虐殺、強姦など狼藉の限りを尽くしたという。私が南モンゴルの高校で聞いた話と同じだった。目が青い混血児がたくさん生まれたという話だ。

■粗野が美徳だった不思議な時代

愛国華僑の先生たちは「自分たちは騙されて中国へきた」とよく話していた。共産党のキャンペーンに乗せられ、新中国をめざしてきたのに文革がはじまったというのだ。「あなたたちはようやく育った知識人なのだから、ちゃんと勉強しなさい。礼儀作法やマナーも身につけなさい」と繰り返し言われた。

共産党政権になってから、上流階級の礼儀作法は封建社会の文化だと否定されたからだ。むしろ、粗野であることはプロレタリアートの美徳であり、正しい生き方だと教えられた。

たとえば、毛筆できれいな字を書くことはブルジョアジーの悪い趣味で、汚い字を書くことこそ正しいと習った（耳を疑うかもしれないが、本当のことだ！）。

私の父は達筆だったから、私は、物心がついた頃から、父に字を習っていた。ところが小学校に入ると、先生から「きれいな字を書いてはいけません」と言われ、私の字がどんどん下手になることを父は嘆いていた。

第二外大の先生たちもたいてい達筆で、学生たちの字が汚いと嘆いていた。愛国華僑の先生は、女子学生に「下着が見えるような座り方はよしなさい」とよく叱っていた。女性の振る舞いも、すっかり粗野になっていたからだ。粗野こそが労働人民の素朴な美徳だ、と奨励されていた時代だ（ちなみに日本の進歩的知識人たちも中国人の粗野な行動をもろ手で賛美していた！）。

南モンゴルの高校で、蒙疆政権を知る先生や、留学経験がある朱先生に教わっていた私は、そうしたことに違和感はなかった。しかし漢人の同級生たちは、これまでと真逆のことを言われたのか、カルチャーショックを受けたようで、礼儀作法やきれいな字を書くことに苦労していた。彼らのほとんどが共産党の高級幹部の子弟なのに、北の草原からきた私のほうが洗練されていたわけだ。

■「知識青年」たちの対日意識

第二外大には、「知識青年」と呼ばれる下放された青年の先生たちもいた。高校を卒業したのに文革で大学へ進学できなかった人たちだ。

彼らの多くは、毛沢東《もうたくとう》に煽動されて造反し、のちに紅衛兵と呼ばれるようになった。しかし、毛沢東が政敵を粛清し終えると用済みになって、全員、中国各地の農山村へ下放された。その総数は1700万人に達していた。当然、「内モンゴル自治区に下放」された知識青年もおり、結構な人数だったと記憶している。第二外大にも3年間ほどだったと思うが、南モンゴルにいた先生たちがいた。

彼らは、日本の大平正芳首相たちがつくった通称「大平学校」（日本語研修センター）で日本語を学び、日本に留学していた。

もともと北京出身の紅衛兵だが、彼らは私のことを大変かわいがってくれた。「内モンゴル自治区に下放」されたとき、誰からもよくしてもらったというのだ。

モンゴル人にはおもてなしの文化があって、自分たちの食事は粗末でも、お客さんにご馳走を出すといったところがある。他の地域に下放された知識青年たちは、ひどい目にあったようだ。女子学生が、嫁不足の農村で強制的に結婚させられることがあった。わが南モンゴルにきた知識青年が最も幸せだといわれていた（詳しくは拙著『「知識青年」の1968年──中国の辺境と文化大革命』参照）。

しかも彼らは大の知日家だった。中国共産党は自分たちの青春を台無しにした憎き存在であり、留学経験がある日本のほうが大好きだった。彼らは休日にモンゴル人の私を家に招いてご飯を食べさせ、日本語や日本の文化を教えてくれた。昔の恩返しだとよく話していた。

私は多感な高校・大学時代に、こうした先生たちの対日認識と対中認識に強く影響を受けることになった。

■中国のガラス工場で見た「中国の本質」

私は第二外大を卒業したら外交官になりたいと考えていたが、中国共産党は大学院へ進むように指示した。党から辞令のようなものが出て進路が決まるのだ。それは当時では一般的なやり方だった。

大学を卒業してすぐに助手になった私は、学生たちに日本語を教えるかたわら、学生の企業実習に同行することがあった。学生がインターンシップで日本企業の通訳を務める。私にとっては、ビジネスの現場で中国人の本質を見る機会になった。

青海省のガラス工場へ出かけたのは1987年の冬だった。省都の西寧市郊外のモンゴル人の草原に中国の核実験場があり、隣にビール瓶の工場を建設する計画が進んでいた。日本の大手ガラスメーカーが援助し、第二外大の学生たちが通訳を務める。私たちは3カ月ほど滞在した。

中国側には、漢人の通訳が2人いた。彼らは旧満洲国にいたことがあり、「満洲国は本当によかった」と話す気さくな人たちだった。彼らに言わせると、中国のガラス工場は満洲国に比べて100年遅れていた。当時の中国はビール瓶もまともに製造できなかったのだ。

写真3　青海省のギョク・ノール（青海）湖畔で遊牧するモンゴル人遊牧民。青海とはモンゴル語のギョク・ノールの意訳。2010年夏撮影。（著者所蔵）

工場には、ガラスを溶かす窯を設置するため、上質のレンガが大量に必要だった。しかし当時の中国には、高温に耐えられるレンガを製造する技術はなく、日本企業に援助を求めた。

この交渉は学生には難しいの

で、私が通訳を務めることになった。

商談には日本側の社長、中国の工場長のほかに、共産党の書記も同席していた。中国側は大量のレンガを無償で援助してほしいと要望し、日本の社長は他社から購入することになると難色を示した。中国の工場長は企業人だから社長の言い分を理解したようだが、共産党の書記がいきなり声を荒げて次のように言った。

「あなたたちは戦時中にわが国を侵略したじゃないか！」

日本の社長はびっくりして、「すみません」と謝った。「反省してないのか！」とまくしたてる書記の勢いに、日本の社長はついに泣き出してしまった。

私は通訳しながらだんだん腹が立ってきた。ビジネスの話に、戦時中の話を持ち出すのは卑劣だと思ったからだ。涙を流すほど人のいい日本の社長が気の毒でならなかった。

戦時賠償の請求の放棄は美談なのか

結局、日本の社長は折れて本社に連絡し、大量のレンガを大至急、船で送るように手配した。早期の工場建設が共産党からの至上課題だった。

レンガは2週間ほどで天津港に着き、さらに1週間かけてチベット高原の一部である青海省に列車で運ばれてきた。ところが翌日、中国側が「レンガが割れている」とクレームを入れた。「そんなはずはない」とみんなで見にいくと、前日は何ごともなかったレンガが割れていた。

彼らは損害賠償を含めてもっと大量のレンガを送るように要望した。日本の社長が拒めば、また戦時中の話を持ち出すに決まっている。

私が日本の社長に「レンガを壊したのは彼らでしょう」と話すと、彼は「原因を追及したところで、どうしようもない」とあきらめていた。

中国側は工場建設を急ぐ一方で、日本企業から大量のレンガをせしめようと考えたのだろう。やっていることが矛盾だらけだった。結局、日本から再び大量のレンガが運び込まれた。

ガラスを溶かす窯を設置すると、日本の技術者は「窯が馴染むまで数日かかる」と説明したが、レンガが届けば翌日にはガラスができると考えていた中国側は「早くしろ」と急き立てた。技術の話や理屈が通じる気配はない。大学を出たばかりの私から見ても、中国側はことあるごとに無理難題をふっかけていた。

中国側が日本企業の技術を盗もうとしたこともある。私が日曜日に宿泊先で休んでいると、数人の警官に囲まれた。自分たちは青海省の国家安全部の者だと名乗り、次のように語りだした。

「日本人が技術を提供しないから、われわれは彼らから奪うことにした。そこで、君に協力してほしいことがある。次の休日に彼らを青海湖へ案内してくれ。泊まりがけで観光しているうちに、われわれは彼らの金庫から技術資料を盗み出して写しを取る」

次の休日、日本企業の社員と私たちは美しい青海湖へ出かけ、彼らの計画は実行された。モンゴル人とチベット人が遊牧する青海湖へ向かうとき、日本のS部長が大きなリュックを背負っているので「こんな大荷物、どうしたんですか？」と尋ねると、大切な資料はみんな持ってきたと話していた。

中国側が盗み出せたのは、あまり重要でない技術資料だけだった。私は悪事の片棒を担ぐことにならなくてよかったと安堵した。

1972年に田中角栄首相が訪中した際、周恩来首相が日本への戦時賠償の請求を放棄し、田中首相は感激したというエピソードがある。しかし私は、この交渉では、中国のほうが一枚上手だったと思う。

一時的な賠償金を受け取るより、日本からODAなどで延々と支援をむしり取るほうがはるかに得だからだ（実際、中国側がその後も「あの侵略を忘れたのか」という最強のカードを切り続けたことは、その後の日本人も体験しているではないか！）。

■日本人の対中意識を呪縛するもの

ガラス工場での経験は、日本と中国の関係について深く考える機会を与えてくれた。中国人の対日意識の問題とともに、日本人の対中意識にも問題があると気づかされたのだ。

私は1989年春に来日すると、中国を訪れた日本人から「非常に嫌な思いを味わった」という話をたびたび聞かされた。おそらくガラスメーカーの社長と似たような経験があるのだろう。

しかし「中国人には失望した」と嘆く日本人は、もともと誤った認識があった場合もある（中国を過大評価し、中国人に畏敬の念を抱いていたという意味で、である）。

中国人の理不尽な振る舞いに「それでも儒教国家の人間ですか。あなたの言動は孔子様の教えに反している」と怒ったところで、「孔子って誰だ」と返されるほうが多いだろう。

孔子も、中国にまずいない理想の人物像を語ったにすぎない。中国が君子ばかりなら誰も苦労しない。孔子も自分が生きていた時代の現実に失望し、将来の理想像を追い求めた。孔子の『論語』の教えに触れて、日頃の言動を省みたり、自分も君子になろうと考えたりするのは、世界中を見渡しても、日本人ぐらいではないか。同時に日本人が勘違いしているのは、孔子の時代はよかった、という見方である。

もちろん、『論語』や『大学』や『中庸』といった中国古典に示される、よき道徳観を否定する必要はない。ただ、それは望ましい理想を語ったものとして、自らを高める指標にするだけならよいかもしれない。

しかしその理想を、現代の中国という国家と結びつけてはいけないということを私は言いたいのである（いや、日本に帰化した一日本人として、言わないわけにはいかない！）。『論語』のなかでも日本人がよく知る「温故知新」。これなどは今の習近平政権にはまったく当てはまらない。ましてや「己の欲せざるところは人に施すことなかれ」は「何をかいわんや」である。

「仁」「恕」は論語のキーワードであり、その語義はキリスト教の博愛精神にも通じるすばらしい徳であることはいうまでもないが、それが習近平政権にあるのかどうか。『大学』

も「修身、斉家、治国、平天下」を説くものだが、どうだろうか。逆に日本の方々に聞いてみたいものである。

■「中国とは何か」「中国人とは何者か」と問うべき時期にきている

古典の世界だけでなく、近現代の人物についても、日本人は過大評価しているところがある。私が来日して間もない頃、大阪で年配女性からこんなことを言われて驚いたことがある。

「わたしは大連生まれで、幼い頃に見た人民解放軍は素晴らしかった。針一本、糸一本も盗まないという軍規の厳しさは本当に立派だった」

私が中国からきたと知ってお世辞を言ったつもりかもしれない。まだ日本人の誤った対中意識に気づいていなかった私は、相手の誤りはちゃんと指摘しようとこう話した。

「子供の頃に大連で人民解放軍を見たんですか。おかしいですね。終戦前後の大連には日本軍、国民政府軍、ソ連軍はいましたけど、人民解放軍はいませんでしたよ」

彼女の世代から考えて、毛沢東を尊敬していたのかもしれない。毛沢東の革命思想は、

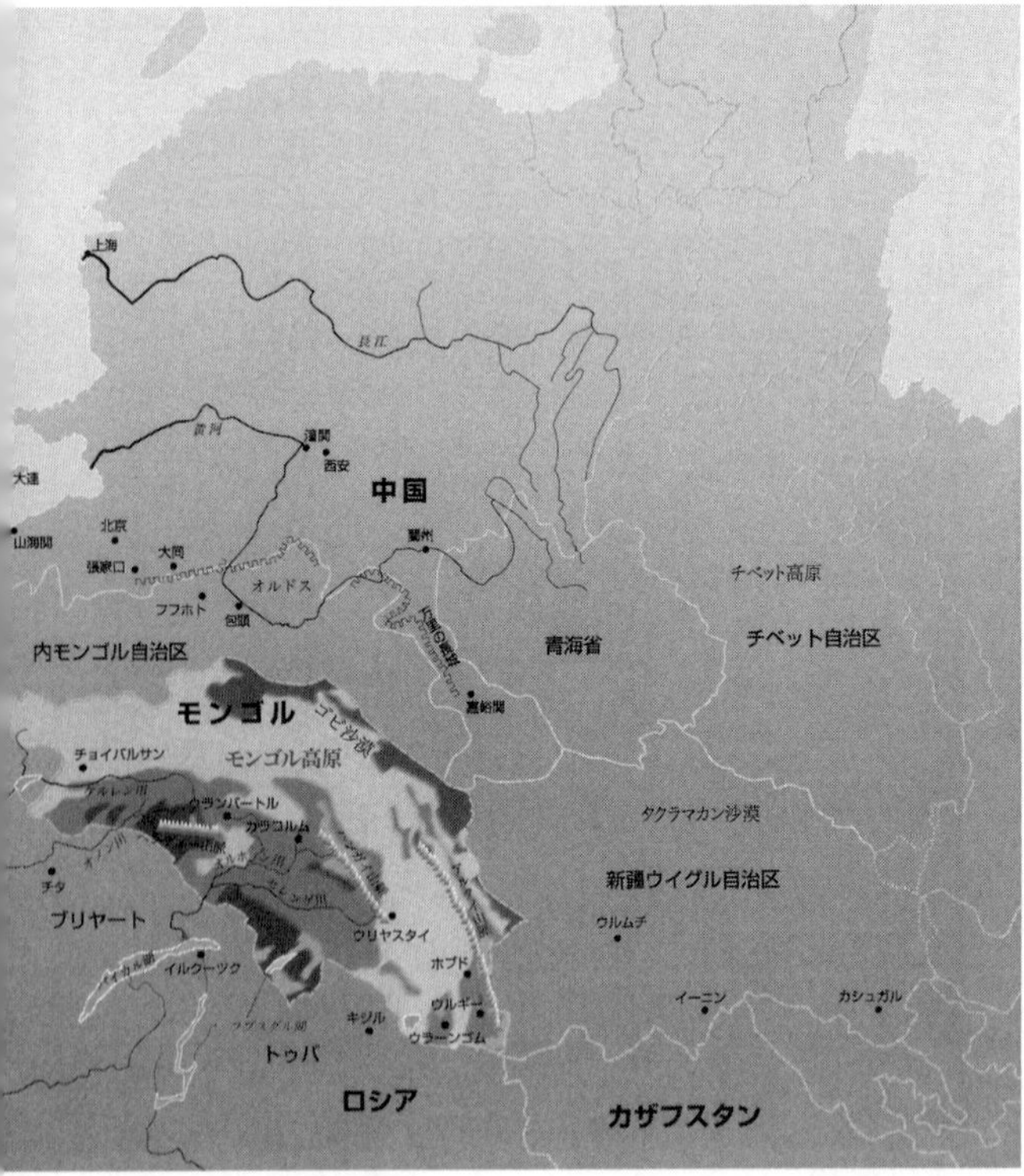

さな盆地で、右すなわち西方は無尽のユーラシア世界。中国を過大視せずに、冷静に観察できるのは、日常的な視点に由来。日本人も地図を逆さにして中国を見る必要があろう。出所：小長谷有紀、楊海英編著『草原の遊牧文明』(1998年、千里文化財団) 12〜13頁。

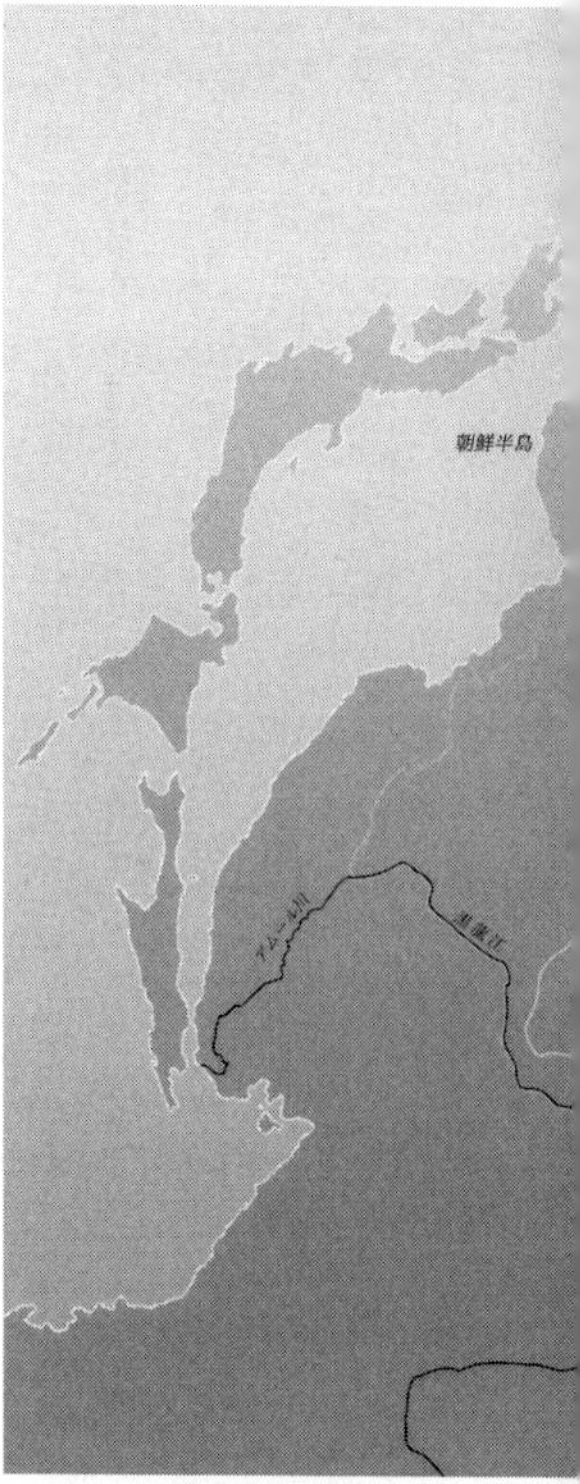

地図１　モンゴル高原の人々は天幕のなかで南面して座り、外に出て南の中国を眺める。そこで目に映る長城以南の世界は小

戦後の若い世代に大きな影響を与えた。いまだに「人民解放軍の軍規は立派だった」と騙されている人たちは多い。南モンゴルの高校で私が受けた歴史の授業を聞かせてあげたいと思うほどだ。

モンゴル人の私には、日本人の中国崇拝、中国人崇拝が不思議でならない。

日本人は自分が小さな島国に住み、隣に広大な中国があると認識している。しかしモンゴル人から見ると、日本は小さい国ではないし、中国も広大な国ではない。日本人が抱く「悠久の大地」というイメージは、私たちモンゴル人は中国に対して一度も持ったことがない。

私は南モンゴルの高校を卒業して北京に出たとき、初めて万里の長城を越えた。越えた瞬間に「わー、なんて狭いところにきてしまったんだ」と思った。子供の頃から「中国は小さくて狭い」と聞かされていたが、実際に自分の目で確認して本当だと思った。モンゴル高原から南へ下っていくと、中国という小さな国があるというのが私の認識だった。

遊牧民のモンゴル人の男性は、北極星が輝く北の方角を上手《かみて》だと考え、南の方角を下手《しもて》だと考える。尊くてありがたいのは北、朝起きて用を足すのが南だ。ユーラシア東部に住む遊牧民は、南に向かって用を足すのがならわしだ。

トイレの先に、中国という小さな国があるという認識は、おそらくウイグル人なども同じだろう。ユーラシア大陸の諸民族から見た対中認識である。

見慣れている地図とは南北が逆。中国を見る私の視点、そしてこれから語る中国の本質、中国人の本質は、この視点、視野がベースにあると考えていただければと思う。

なお、読者の混乱を避けるため、私の故郷・南モンゴルについては、以降の本論では「内モンゴル自治区」「内モンゴル」と表記する。

また本書の論及の主対象となる、習近平をはじめとする漢人については、さまざまな見解があり、厳格に区分化をできるものではないが、（中華人民共和国が成立した）１９４９

年以降は「漢族」と表記し、それ以前は「漢人」と呼んでいる。私が「中国人」と述べているときは、基本的にはこの「漢族」を指している。本書を通読のうえ、日本人もこの違いを区別できるようになってほしい。

それでは今一度、３つの視点を確認しておこう。

①歴史の書き換え
②他民族弾圧
③対外拡張（領土拡張）

視点を変えれば、これまでとは違うものがみえてくる。「中国とは何か」「中国人とは何者か」という問いに対する答えが見えてくる。実はその答えが、日本人以外の世界の常識に近いものであるという認識が本書によって日本社会にもたらされることを願ってやまない。

I 部

中国の本質を見破る視点①

歴史を「書き換える」習近平政権

中国の権力の象徴である天安門広場に並んで立たされる「諸民族」。この種の宣伝も実は「漢民族」を中心にモンゴルとチベット、それにウイグルという風に立ち位置にも決まった厳しい政治的序列がある。まるで封建王朝時代の「万国来朝」、「天子に謁見する朝貢使節団」を再現しているように、中国人すなわち漢族はこれを見て自己満足し、自国は天下の中心だと陶酔する。(著者所蔵)

1 その歴史の常識を疑うことからはじめよ！

■日本人の教養としての中国史と中国文化

今年4月、X（旧ツイッター）で「香炉峰《こうろほう》の雪」というワードがトレンド入りして話題になったので、私もさっそく確認した。そこで、日本人の中国に対する知識の深さをあらためて感じさせられた。NHKの大河ドラマ『光る君へ』で、『枕草子』の有名なエピソードが描かれ、感想など多数の投稿があったからだ。『枕草子』の〈雪のいと高う降りたるを〉の段については、学生時代に古典の授業で習った人もいるだろう。

雪が積もった日、清少納言が仕えていた中宮定子（一条天皇の正室で藤原道隆の娘）が、「少納言よ。香炉峰の雪ってどんなかしら？」と尋ねる。清少納言は、御格子《みこうし》と御簾《みす》をあげさせ、定子に庭に積もった雪を見せる。定子は清少納言の機転をおもしろがって笑いだし、周囲の女性たちは「香炉峰の雪は知っているし、歌に詠むことはあるけれど、実際に御簾をあげてお見せするところはやっぱり違うわ」と清少納言を称賛した……という一節だ。

「香炉峰の雪」とは、もともと唐朝時代の詩人・白居易（白楽天）の漢詩に出てくるものだ。白居易は、江州（現在の江西省）に左遷され、「香炉峰雪撥簾看（香炉峰の雪は簾をあげて見る）」という一節を詠んだ。

Xでは、あの名場面が実写化されてうれしい、といった感想が投稿されていた。『枕草子』を通して白居易の漢詩を知った人たちも多いのだろう。

雪の日に「香炉峰の雪ってどんなかしら？」と尋ねた中宮定子も、御簾をあげさせた清少納言も、清少納言を称えた周りの人たちも、皆が「香炉峰の雪」を基礎教養として得ていたことになる。

清少納言たちの時代から１８０年ほど前に、はるか遠くの中国で詠まれた詩が、共通の知識となっていたことにはあらためて驚かされる（さらには１０００年以上たってテレビドラマのワンシーンになり、ＳＮＳでトレンド入りしてしまうことにも！）。

このように、日本人が大昔から中国の歴史や文化に興味をもち、教養の一部とし、それが生き方や考え方にも大きな影響を及ぼしてきたことは間違いない。

武家が支配層になる中世の鎌倉期においては、はじめは中国からもたらされた禅などの仏教が、民衆へと広まるなかで日本独自の仏教へと進化していき、親鸞の浄土真宗など多くの宗派が現代の生活の中に入りこんでいることは周知の通りだ。

わが祖先も関係する元寇のあとに、時の支配者である北条時宗が、その戦死者を、日本人もモンゴル人も分け隔てなく供養慰霊したのは、禅の臨済宗の円覚寺である。

近世に入って、戦国時代や江戸期は小説になったり、現代では映画化もされる。テレビ番組の時代劇などを観ていると、徳川幕府のブレーンに儒学者が登場したり、寺子屋で子供たちが『論語』を大声で素読したり、漢学の影響が大きかったと思わせる場面がよくある。「論語読みの論語知らず」がことわざになるぐらい、『論語』を愛読したり、語ったりする人があちこちにいたのだろう。もちろん孔子の『論語』は中国からのものである。

本音をいえば、『論語』や『大学』、『孫子』や『菜根譚』などの日本人の読み方自体、中国語を学んできた私には、不可解な面も多い。しかしながら、それは本書の本題ではない。

おそらくは、永らく平和を享受することで社会全般での文化が開花した徳川時代、そして西洋列強の圧力にさらされ、否応なく日本人としてのアイデンティティが求められるようになった幕末・明治期に、中国理解の独自性は、いっそう色濃くなったのではないかとも思う。

内村鑑三が代表的日本人としてあげる西郷南洲をはじめとして、維新の志士たちに思想的影響を及ぼしていたのは、現在でいう東京大学の総長をつとめていた儒学者であり陽明学者の佐藤一斎だが、彼の著作には中国古典からの影響がそこかしこに見てとれる。

明治維新以降も、第二次世界大戦敗戦後のアメリカの占領統治下でも、日本の知識人のひとつの証は、漢籍に親しんでいるかどうかだったろう。昭和の歴代首相の指南役といわれた安岡正篤《まさひろ》は、中国古典の知識を自在に操り、指導者たちを教導していたそうである。

昭和が終わり、平成の世になっても、ビジネス誌の読書特集では、渋沢栄一が『論語』の教えを事業に活かしたとか、経営戦略に『孫子』を役立てるとか、田中角栄や野村克也が『菜根譚』を愛読したとか、中国古典の話題がさまざまな味付けをされて登場した。

少なくはなったが、有名経営者が漢籍にある名言をもとに、経営の本道を説いたり、日々の自省のための教訓にしたりすることが根づいていた。近年でも『貞観政要』が注目されるなど、中国古典は日本人のビジネスに不可欠なリベラルアーツのひとつとして定着しているようにみえる。

■不可解なる日本人の中国観

実際、ずっと日本で暮らしてきて、日本には中国の歴史や文化に詳しい人が多いと感じる。中学、高校で中国の歴史や地理、漢文を学び、大学生や社会人になれば中国関連の単行本や新書を読む。書店にいけば単行本、新書、文庫、漫画、雑誌と各コーナーに中国関連の本が並んでいる。

エンタメ作品でも、昔の中国を舞台にした小説、漫画、アニメ、ゲームはたくさんある。たとえば、秦《しん》の始皇帝たちを描く『キングダム』は、コミックの新刊がいつもベストセラー入りし、テレビアニメのシリーズがつづいている。本場の中国でも人気は高く、司馬遷の『史記』は読んでいなくても、『キングダム』のファンという人たちがいるくらいだ。

『三国志』も日本では長らく人気の読み物といえよう。居酒屋で「三国志では趙雲が一番好き」「あいつは曹操タイプだ」と、中国古典の知識が会話に出てくることも珍しくない。

そのように、日本人は昔から巨大な隣国を意識し、中国の歴史や文化からたくさんのことを学んできたのは間違いない。

令和に改元されたときにそのことを認識した日本人もいただろう。日本の元号は、西暦645年の「大化」以来、漢籍の言葉をもとに定められてきた。『大学』『中庸』『論語』『孟子』の四書、『易経』『書経』『詩経』『礼記』『春秋』の五経が出典として多く、「令和」の出典が『万葉集』だと話題になるほど、「元号は漢籍の言葉」というのが常識だった。

しかし、である。

これほど多大な影響を受けてきたにもかかわらず、日本人の中国理解が本当に正しいものなのかというと、疑問符を付けざるを得ない。言い換えれば、中国の本質を知っているか否かも、疑いたくなる。

日本人が学んできた中国史や中国文化は、日本流に解釈し直し、吸収してきたところが多分にあり、日本人の世界観、人生観、倫理観などから解釈を加えている。

和洋折衷や和魂漢才、和魂洋才というような言葉もあるようだが、東洋も西洋も、それぞれを比較検討しながら、よいと思うところに目を向け、混ぜ合わせたりして、日本流にうまく取り入れてきたからこそ〝素晴らしい中国文化〟〝素晴らしい中国思想〟となっているのだ。

それは、私が序章で示したように、モンゴル人として生まれ、中国から支配された自治区に育ち、日本に来て、日本が好きになり、日本人になった経験があるから持ち合わせている視点なのかもしれない。

そして今、この日本流の中国理解は、日本人に役立つことが多い半面、実は中国の本質を理解する妨げになっている。今後はさらに、マイナスをもたらす可能性も大いにあるということを強く感じ、危惧している。

日本人の中国史観、中国文化論は、中国人から見た中国史、中国文化とは完全に異なるものである。そうした見地に立って、以降の私の中国論に目を通してもらえれば、と思う。

前置きをしておくと、とりわけ歴史認識については、現代の中国人が共有している知識とは、かなりのズレが生じはじめている。しかもそれは、両国が戦争状態にあった近代史だけにとどまらない、というと驚かれるであろうか。

2　書き換えられた歴史に異を唱える衝撃の書

■いつから「中国5000年の歴史」になったのか

「昔は〝中国4000年の歴史〟と言ってたのに、最近は〝中国5000年の歴史〟になった。いつの間に1000年も延びたんですかね」

日本人からたまにそんな質問を受けることがある。

日本で「中国4000年の歴史」が広まったのは、1980年代にインスタントラーメンのコマーシャルで「中国4000年の幻の麺」というフレーズが広まったからだと言われる。実はその頃から中国では「わが国の歴史は5000年」と主張しだしたようだ。私が小学生の頃も3000年だと教わったのだが。

だから、中国人が先ほどのコマーシャルを観たら、「1000年も短くされた」と憤慨したただろう。しかし私は「日本人は優しいから、中国人の顔を立てて4000年にしてくれた」と思っている。

欧米はじめ他の国々では「中国の歴史はせいぜい2500年、長くても3000年」とみるのが一般的だからだ。

もちろん、中国には5000年よりもはるか昔から人間が住んでいた。しかし、現在につながる〝中国の歴史〟と呼ぶわけにはいかない。人間が生活をしていればそれで歴史と認証されるのなら、5000年の歴史を誇る国は世界各地に存在することになる。

大事なのは、現在につながる文明があったかどうかだろう。

にもかかわらず、そうした認識を持ち合わせていないかのように、中国は、5000年の歴史を証明することに力を注いできた。なかでも特徴的なものが、国を挙げて取り組んだ「夏商周年表プロジェクト」という研究だ。

中国語では「夏商周断代工程」と書き、21世紀を迎えるにあたってのミレニアム・プロジェクトとして、1996年から2000年にかけて進められた。「夏商周」の三文字でピンときた人もいるだろう。最初の王朝とされる夏王朝、それにつづく商（殷）王朝、周王朝について具体的な年代を確定するという取り組みだ。

それまで中国の歴史は、司馬遷の『史記』にある周王朝の「共和元年」（紀元前841年）が、文献によって確認できる最も古い時代とされてきた。共和元年より古い時代は、文献によって確認できないから、夏王朝と商王朝は「神話伝説の時代」と呼ばれてきた。司馬遷にならって、中国の歴史が紀元前841年にはじまるとすれば、現在から2865年前になる。「どれだけ長くても3000年の歴史」という通説に根拠を与えるものだ。

■文明の起点はどこか

ところが「夏商周年表プロジェクト」では、中国の歴史として夏・商・周の年表を作成した。約200人の学者が参加し、天文学、考古学、文献学などの手法を取り入れて研究を進めた結果、次のような〝歴史〟を定めた。

◇夏王朝：紀元前2070年頃～紀元前1600年頃
◇商（殷）王朝：紀元前1600年頃～紀元前1046年頃。そのうち殷墟（河南省安陽市）への遷都は紀元前1300年頃

◇周王朝：紀元前1046年頃〜紀元前256年

周王朝については、各時代の王の在位年も確定している。

この〝歴史〟は従来の古代中国史と異なり、根拠が乏しいことから、外国の歴史研究者から批判されたし、その〝説〟を信じる人もいない。日本の中国史研究者たちも、さすがに認められないという立場が多かった。商王朝以前が実際にあったとする根拠に乏しいからだ。

新たな文献の発見や科学的な研究方法の進歩によってこれまでの歴史が見直され、修正されることはある。しかし有力な根拠がない場合は、単に歴史を書き換えたにすぎない。

2000年に終了した「夏商周年表プロジェクト」の内容は、2004年にスタートした「中華文明探源プロジェクト」（中華文明探源工程）に受け継がれ、2018年に最終報告がまとめられた。

この報告では、5800年ほど前に、黄河と揚子江（長江）の中・下流域や長城の外、モンゴル高原南部を流れる西遼河流域に文明が出現したことになっている。その文明は5000年ほどかけて中国全土に広がり、3800年ほど前に、中原地域に成熟した文明が形成され、現在まで中国文明として発展してきた、というのである。

いわゆる〝中国5000年の歴史〟も最初は、黄河と揚子江で生まれた文明が中国全土に広がった頃を起点とした歴史観ということだ。しかし、いつの間にか、モンゴルの西遼河まで盗まれてしまったのではないか。

■健全で骨のある研究者も中国にはまだいる

この新しい〝古代中国の歴史〟を批判しているのは、欧米はじめ外国の研究者だけではない。中国の国内にも異論を唱える研究者はいる。なかでも、厳しく批判しているのが、中国社会科学院の呉鋭《ごえい》教授だ。

中国社会科学院は、中国では哲学や社会科学の分野で最高学術機構とされている。中国の最高行政機関である国務院が管轄する研究機関であり、「夏商周年表（断代）プロジェクト」「中華文明探源プロジェクト」を主導したのも中国社会科学院である。

つまり呉教授は、同じ研究機関の同僚たちがまとめた報告書に異論を唱えたということになる（学術研究に誠実で、実に骨のある研究者だ！）。

呉教授は、南中国の少数民族である毛南《マオナン》族の出身で、1967年生まれ。文化大革命の時期に幼少期を過ごし、苦学して北京の中国人民大学に進み、哲学の博士号を取得した。専門は古代史、中国民族史である。

呉教授には3冊の著書がある。最初に上梓したのは博士論文『中国上古的帝繫構造』で、2017年に中華書局が刊行した。中華書局は1912年創業の中国を代表する出版社のひとつで、小中学校の教科書を出版するなど中国政府とのつながりも深い。呉教授は同書で、上古時代に帝位がどのように継承されていたかを研究した。中国の上古時代は、夏王朝より前のことで、古国時代とも呼ばれる。

2冊目は2020年に台湾の八旗文化という出版社が刊行した『你不可能是漢族』。日本語訳すると『あなたが漢族であるはずがない』という書名だ。少数民族を除く中国人が皆、漢族だというのは誤りであると、呉教授は本書で主張した。呉教授が台湾の研究機関に派遣されていた時期に台湾で刊行され、刺激的なタイトルも注目を浴びたのか、よく売れたそうだ。

3冊目は、2021年に台湾の唐山出版社が刊行した『二十世紀中国史学與史学家』。日本語訳すると『20世紀の中国史学と歴史家たち』という書名だ。20世紀の歴史家たちが中国史をまとめた舞台裏を明らかにした内容になっている。

呉教授はこれらの著書を通して、〝中国史〟の疑わしさを丹念に論証している。史実と判断するには根拠に乏しく、恣意的な書き換えが過去にも繰り返されたというのだ。

■「新疑古派」というスタンス

中国には1920年代から、古代中国史を疑う立場の「疑古派」という歴史学者たちがいた。彼らは「三皇五帝」や「夏王朝」は実在しなかったと考え、後世の創作とみなしている。古代中国について記述がある『史記』などの歴史書、『書経』などの儒教経典も史料としての価値が小さいとする立場で、『老子』などの古典文献については、基本的に偽書と考える学者もいた。

呉教授は「疑古派」の流れをくむ「新疑古派」であり、博士論文『中国上古的帝繫構造』は、上古時代に三皇五帝などがいて、帝位が継承されたという古代史について、偽りであると批判的に考察している。

呉教授は韓国の慶尚大学にも派遣された時期があり、私の著書『逆転の大中国史 ユーラシアの視点から』（文藝春秋）の韓国語版が出たとき、呉教授から私にメールが届いた。彼の研究成果と一致する点がいくつもあるという内容だった。それ以来、私たちは交流するようになり、彼が北京に戻った現在も時々メールを受け取っている。

新疑古派の呉教授に言わせると、「夏商周年表プロジェクト」の内容は、歴史の書き換えになる。私は『中国上古的帝繫構造』を初めて読んだとき、「中国政府とつながりが深い有名な老舗出版社がこの内容の本をよく出版したな」と驚いた。著者が、プロジェクトを主導した中国社会科学院の教授だからなおさらだ。

呉教授の主張は、一言でいえば、中国史の非連続性である。「夏商周年表プロジェクト」「中華文明探源プロジェクト」で示したような、連綿とつづく中国史はあり得ない。とくに中国史は漢族が担ってきたという「漢族の連続性」は根底から否定している。中国政府はじめ漢族の人々が主張する「中国史＝漢族史」は成立しない、と喝破したのが呉教授の功績だと私は考えている。

3　漢人、漢族という存在

■古代中国は漢人が治めたのか

呉教授は、古代中国は漢人が治めていなかったと考えている。詳しく見ていこう。

「夏商周年表プロジェクト」は、三皇五帝、夏王朝、商王朝がすべて漢族の祖先であるかのように錯覚させる。しかし、当時の都があったとされる場所を考えれば、漢族の祖先でないことは明白である。

たとえば商王朝は、黄河流域にあったとされている。河南省洛陽市偃師《えんし》区二里頭村で見つかった二里頭遺跡が、河南龍山文化から商（殷）前期の紀元前2000～紀元前1300年頃にあたるためだ。夏王朝以前の都も、この近隣にあったと考えられている。

仮に三皇五帝が実在したとしても、彼らが治めていた地域は、漢族の祖先が住んでいた地域とは完全に異なる。漢人が当時「東夷」と呼んでいた人々が住む地域だった。

日本が東夷と呼ばれたのはずっと後の時代である。漢人の地理的認識がまだ狭かった頃は、現在の山東省あたりから東北三省（遼寧省、吉林省、黒龍江省）を指すのが東夷だった。または、鳥の翼を服のように着ている野蛮人という意味の「鳥夷《ちょうい》」とも呼んでいた。「鳥夷」は「能《よ》く鳥を捕らえる夷人」の意味という説もあるほどで、要するに漢人とは異なる文化を有する人々だった。

呉教授によれば、三皇五帝や夏・商・周王朝の人たちは、現在の漢族とは異なる民族だった。しかし「夏商周年表プロジェクト」「中華文明探源プロジェクト」では、古代中国を治めていたのは漢族の祖先だったと書き換えている。

2つのプロジェクトでは、漢族の起源は、黄河流域に暮らしていた「華夏《かか》族」としている。華夏族は2つの民族が合わさったもので、周王朝の武王が自ら「華族」と称し、夏王朝の子孫を「夏族」と呼んだことから、2つの民族を合わせて「華夏族」になったという説がある。

しかし華夏族は、民族の名称ではなく、豪族たちの部族連合を指す呼称だった。周王朝には姫《き》人集団、姜《きょう》（羌）人集団などがいて、これらの豪族連合が華夏族だった。日本でいえば「○○一家」「○○組」にあたるだろう。

華夏族のひとつである姜人は、文字に表れているように、羊飼いの遊牧民だった。たとえば『三国志』に登場する武将の姜維《きょうい》は、涼州天水郡冀《き》県の出身とされている。涼州は現在の甘粛《かんしゅく》省・寧夏回《ねいかかい》族自治区あたりで、チベット系の民族だと考えられる。

華夏族の姜（羌）人も同様にチベット系の遊牧民族と考えられ、漢族の祖先とするには根本的に無理がある。

■「漢人」はどこからきたのか

呉教授は『中国上古的帝繫構造』で、古代中国には帝位継承の構造はなかったと論じている。

秦の始皇帝が天下統一を果たしたのは紀元前221年。当時、周辺の匈奴《きょうど》は、秦王朝の人たちを「秦人」と呼んでいた。匈奴は、秦人とよく戦争した。

「秦」はアルファベットで書くと「Ｑｉｎ」となり、人間を指す母音の「ａ」が最後につくと「Ｑｉｎａ」になる。この「Ｑｉｎａ」が西に伝わり、インド・ヨーロッパ語圏、アラビア語圏に入って「Ｃｈｉｎａ」になった。中国の英語名が「Ｃｈｉｎａ」であるのも、戦前の日本で「支那」と呼んだのも、「秦人」が起源とされている。

秦は紀元前２０６年に滅び、漢王朝（前漢）がはじまる。ところが、モンゴル高原の匈奴は、漢王朝に出した手紙のなかで、漢王朝の人たちを以前のまま「秦人」と呼んでいた。しばらくすると「漢人」という表現も出てくる。しかし現在の「漢人」と違って、漢族の意味ではない。「秦人」と同様、「漢という国の人」、「漢国人」という意味で用いている。漢に住んでいれば、どの「民族」であろうとすべて「漢国人」で、決して漢族ではなかった。

前漢の初代皇帝である劉邦は、楚で生まれたとされている。つまり、楚人だった。

楚の成立には諸説あって、現在の河南省から山東省南部にいた東夷が南下して建国したという説、現在も少数民族として残るミャオ族の祖先が揚子江流域で建国したという説などがある。タイ系の言葉を話す南の民族だから、周王朝などから見れば蛮族（南蛮）となるはずだ。

おそらく漢王朝は、楚人をはじめとする複数の民族から成り立っていたのだろう。漢という国に住んでいれば、民族にかかわりなく「漢人」だった。漢王朝の時代に、現在のような「漢族」「漢民族」という概念はなく、漢国に住んでいるから「漢（国）人」、漢国で使う字だから「漢字」と呼ばれたわけである。

漢王朝の「漢」は、民族の呼び名ではない。秦や楚のように、もともと漢という国があって天下を統一したわけでもない。何に由来するのか。

呉教授は、長江（揚子江）最大の支流である「漢水」からとった名だと説明する。しかも「漢水」と名づけたのは、漢族ではないという。

古代では、現在の四川省から揚子江に沿って「巴《は》」という民族が栄えていた。巴人は、彼らの母なる川を「漢水」または「漢江」と呼び、夜空に流れる天の川を「天漢」と呼んだ。

初代皇帝の劉邦が、漢水上流の漢中（現在の陝西省南西部）という地域を拠点としていたことから、新しい王朝は漢と名づけられた。漢人、漢族がそれ以前からいて、天下を統一したわけではない。

■「漢族」が誕生したのは20世紀

現在、中国人の大多数を指すと思われている「漢族」「漢民族」は、実は20世紀になって誕生した概念である。しかも、この新しい民族の概念ができる過程で、日本人が深くかかわっていることはあまり知られていない。呉教授は「漢族」の誕生に、日本人がどうかかわったかについても研究している。

中国で最後の統一王朝となった清《しん》国は、1911年に起きた辛亥革命によって倒れた。革命家のなかには孫文、蔣介石をはじめとして、日本に遊学した漢人たちがいる。彼らはアジアでいち早く近代化を進め、日清戦争で自国に勝った日本に色んな形で学びにきた。現在の国費留学で、清国から派遣されてきた留学生たちも多かった。

清国からの留学生は、漢文調で書かれた日本の古い本が読める。徳川光圀《みつくに》が編纂させた『大日本史』、頼山陽の『日本外史』などの歴史書や歴史物語、あるいは本居宣長の国学にも強い関心を寄せている。

彼らは日本の歴史を学ぶうちに、自国の歴史と大きく違うことに気づく。日本には、神武天皇から2600年もつづく万世一系の天皇家がある。平安時代、鎌倉時代といった時代区分をまたいで語られる通史がある。

一方、自分たちの国には『大日本史』『日本外史』のような通史が存在しない。秦の時代から、王朝が入れ替わると、新しい王朝が滅びた王朝の歴史をまとめてきた。司馬遷の『史記』にはじまり、王朝ごとの歴史はあっても、複数の王朝をまたがる歴史（通史）を記述する発想がなかった。

自分たちは日本に漢字や文化を教えてきたのに、歴史では負けているという発見にショックを受けたようだ。漢人留学生たちは日本の歴史観に憧れ、自分たちも立派な長い歴史がほしいと考えた。

しかし、ひとつ問題があった。中国には、天皇家の万世一系に相当する連続性がないことだ。秦の始皇帝にはじまる各王朝の皇帝は、家系どころか民族まで入れ替わっている。戦国時代の孟子が説いたように、古代から天命によって王朝が入れ替わる「易姓革命」を繰り返してきた。

歴史を書き換えるといっても、さすがに数千年つづく王朝を捏造するわけにはいかない。天皇家のように古代からつづく一本の流れを設定しよう……この発想から考えだしたのが「漢族」という概念だった。漢族が数千年にわたって継続してきたという〝民族の万世一系〟という神話である。

■西洋からきた白人の黄帝

革命家の劉師培《りゅうしばい》が1903年に発表した「黄帝魂」「黄帝紀年論」という文章では、三皇五帝のひとりである黄帝こそが漢族の始祖としている。黄帝はそれまで神話上の存在と考えられていたが、黄帝を「四億漢族の鼻祖」とし、4億人の漢族はみんな黄帝の子孫だという珍説を唱えた。

同時に、西洋列強の文明に触れて「白人はアジア人よりも優れている」と考えるようになる。漢族は黄帝の子孫という説と、白人は優れているという考えが合わさって、黄帝は白人だったという説まで出てきた。

黄帝はメソポタミア文明が栄えた古代都市のバビロンから、パミール高原を越えて中国まで進軍してきて、原住民を滅ぼして文明を伝えた、というのである。チャールズ・ダーウィンの『種の起源』が知識階級に流行していたことも影響したのだろう。要は、漢族は優れた民族だと言いたかったのだ。

漢族の祖先が白人という説は、現代の感覚では笑い話に聞こえるが、彼らがそう信じる根拠があった。

中国北部で発掘された陶磁器に、メソポタミアのものと似た文様があったことだ。中国文化西来説を唱えたのが西洋人だったことも大きい。

写真4　中国北西部、チベット高原東部のギョク・ノール（青海省）から出土した古代の彩陶器。その独自のデザインから見て、ヨーロッパの考古学者たちは「中国文化西来説」を唱えた。中国の知識人も最初はその仮説に賛同し、歓喜雀躍したが、国力増大にともない、独自説・中国起源説に大きく旋回した。著者からすれば、チベット高原を含めたユーラシアの遊牧文明の特徴が顕著な彩陶器である。2010年春、青海省博物館にて撮影。（著者所蔵）

フランス人漢学者のテリアン・ド・ラクペリが19世紀後半、漢族の起源は古代オリエントにあるという説をイギリスで発表した。当時の漢人はもちろん大喜びし、「われわれの祖先は西からきた白人だ」と自分たちも言うようになったのだ。

ところが、1970年代になると、中国国内でこの西来説は猛烈に批判されてしまう。中国で「われわれの祖先は北京原人だ」という説が広まったからだ。黄帝白人説は、西洋人が漢族を持ち上げるために捏造したウソだということになった。

漢族が北京原人の子孫という説が広まると、こんどは黄色人種がモンゴロイドと呼ばれることに不満を覚えるようになる。われわれより劣っているモンゴル人が、黄色人種の代表であるのはおかしいというのだ。漢族が黄色人種だと認めた以上は、チャイナロイド(シノ・ロイド)こそ黄色人種の頂点だと言いだした。

ダーウィンの進化論が漢人に人気が高いのは、いちばん優れているのは誰かと序列化するのに都合がいいからだろう。もともと中華思想は、自分たちがナンバーワンで周辺の国々は劣っているという序列化の発想である。東夷、南蛮、北狄、西戎、匈奴などの周囲を貶める差別的な呼称を好むことでもわかる。序列化や差別にダーウィンの進化論は利用しやすいのだ(詳しくは2023年刊の拙著『人類学と骨』を参照)。

北京原人の骨とされる化石は、1920年代から発掘調査が進められ、完全に近い頭蓋骨を含めて十数人分が見つかっている。しかし太平洋戦争がはじまった頃に化石は行方不明となった。

1970年代になると、オーストラリアの実業家が北京原人の化石を探し、情報提供者

写真５　中国の考古学者の代表格である賈蘭坡（左。1908〜2001）が1970年代初期に内モンゴル自治区西部と寧夏回族自治区で古人類の調査を行なっていた頃の風景。考古学、それも異民族が暮らす国境地帯における考古学は、人類の起源と文化の帰属をめぐって政治的にも重要だとの任務を帯びて現地入りしていた。彼は北京原人の発掘調査にも携わっていた。（Batujirghal氏より提供）

に懸賞金を出すと発表するなど、北京原人ブームがふたたび盛りあがった。

化石の行方についてはいくつか説がある。戦時中に日本軍が押収し、日本へ運ぶ途中で船が撃沈されたという説があり、70年代になって潜水調査を実施したこともある。

現在は、北京原人と呼ばれるのは旧人類のひとつで、とうの昔に絶滅したというのが国際的にも通説となっている。漢族どころか、現在人類の祖先でもなかったということだ。

■他民族を排除する「皇漢民族主義」

もともと黄帝白人説では満洲、モンゴル、チベット、ウイグルなどの人々は黄帝の子孫に含まれていなかった。黄帝は漢族の祖先であり、肌の色が黄色い満洲人やモンゴル人は違うといわれた。

つまり、20世紀前半は満洲、モンゴル、チベット、ウイグルなどの人々は当然非漢族で、非中国人とみなされていた。このことは現在の漢族観と大きく異なり、重要な点である。

清朝末期に日本へ自費留学した鄒容《すうよう》は、『革命軍』という書籍で辛亥革命に大きな影響を与えたことで知られる。『革命軍』には、中国は漢族の国だという民族主義が強く表れている。「漢種中国人の中国」であるから、清朝の支配層である満洲人、モンゴル人は漢族の国からすぐに出ていけ、という主張だった。

清朝末期に日本へきた清国留学生は主に国費（官費）留学、自費留学、亡命者の3タイプがいた。国費留学で派遣されてきた人たちも、日本の知識人と交流することで民族意識に目覚めていく。自分たちは満洲人（清国人）ではない、モンゴル人でもない、漢人という優れた民族だ、という意識である。

東京の神田界隈や京都に清国留学生は集まっていた。留学生には満洲人やモンゴル人も多数いたが、日本人教師のなかには「漢人の留学生は彼らと仲が悪い」と見ぬいていた人もいる。

漢人の留学生は、清朝打倒、清朝転覆という革命思想に燃えていたのだ。

劉師培、鄒容のような強い民族意識は、満洲人やモンゴル人に支配された恨みから生まれたものであり、日本の通史や万世一系に刺激されて強められ、辛亥革命の原動力になっていく。

清朝末期の漢人は、自分たちを「皇漢人種」だということがあった。「皇」は強大で輝かしいという意味で、「輝かしい漢人」を謳う大漢民族主義である。現在の中国研究者は「皇漢民族主義」と呼んでいる。

■余話として――明治維新という革命への漢人の憧れ

少し脱線するようだが、漢人の留学生が皇漢思想を暖め、革命家になった理由のひとつに触れておきたい。というのも、実は日本の明治維新が影響していたからである。明治維新は、彼らが見習うべき革命だった。

19世紀に清国と日本はともに西洋列強の脅威にさらされた。清国はイギリスとのアヘン戦争で香港を奪われ、日本は明治維新によって難を逃れた。

清朝から見ると、明治維新はみごとな対処法だった。徳川幕府を倒した革命でありながら、天皇家は残っている。日本と同じように立憲君主制にし、清朝帝室を残すのが最も穏便な良策ではないかと考えた。

日清戦争で負けたこともあって、日本に明治維新や近代化を学ぼうと、清朝はたくさんの留学生を派遣した。さらに、日本の有力な政治家をブレーンとして雇うことも考えた。日本の初代総理大臣で知られる伊藤博文だ。

伊藤博文は3度目の総理大臣を辞職したあと、1898年9月に清国の視察に出かけた。当時の清国は、第11代皇帝の光緒帝が近代化を図ろうと改革を進め、西太后を中心とする保守派と対立している時期だった。

伊藤博文が光緒帝に謁見したとき、光緒帝は「私のブレーンになってくれないか」と内々に打診し、伊藤博文は「臣伊藤は異国人ですから、皇帝の側近にはなれません」と丁重に断った。

「臣伊藤」は、日本では天皇に対して使う言い方だ。伊藤博文は断りながらも「ただ、貴国は改革しなさい」と言った。その翌日、クーデターが起こって、光緒帝は幽閉され、母親の西太后に毒殺されてしまう。戊戌《ぼじゅつ》の政変である。

ちなみに、光緒帝に「伊藤博文を側近にすべきだ」と進言した革命家の康有為《こうゆうい》らも日本に亡命したことがあった。

清朝から派遣された清国の漢人留学生たちは、日本で学ぶうちに多くが清朝を倒す革命家になっていく。天皇家の万世一系を学んだことで、清朝帝室を守るのではなく、「中華民族＝漢族」を発明していくのである。

学んだことがどう解釈され、活かされるかはわからないものだということを、つくづく実感させられるエピソードであろう。

4　漢人、満洲人、モンゴル人……

「中華民族」とは誰のことか

清朝末期に、漢人孫文の主導で描かれた地図が残っている。『支那現勢地図』と題された地図で、1900年に日本の東邦協会から出版された。孫文は自国を支那と称し、鉄道計画、道路、河川、航路なども多色刷りで示している。

この地図で注目したいのは、描かれた範囲だ。新国家の建設をめざす孫文が描いた地図は、万里の長城より南の18省になっている。つまり、満洲、蒙古、東トルキスタン、チベットは含まれていない。

孫文のような皇漢思想を身につけた革命家にとって、自分の国、「支那」は漢族の18省だった。彼は1905年に東京で政治結社「中国同盟会」を結成した際、四大綱領として

「駆除韃虜《くじょだつりょ》・恢復中華・創立民国・平均地権」を掲げている。このうち「駆除韃虜」は、清朝政府の打倒を意味している。韃虜はもともとタタール（韃靼）を貶めた呼称で、モンゴル・テュルク系の人々を指していた。

しかし清朝末期には、支配階層だった満洲人を主に指していた。孫文は、満洲人とモンゴル人の駆除を第一に掲げたわけである。彼が構想した新しい中国、すなわち彼自身が使っていた「支那」では、満洲人やモンゴル人をはじめとする異民族は除外されていたのである。今日、支那を差別用語だと声高に主張する中国人は、自国の「国父孫文」も愛用していた表現をどう思うのだろうか。

同じ頃、漢人梁啓超《りょうけいちょう》という清朝のジャーナリストが「中国民族」という言葉を使っている。梁啓超は「わが国も立憲君主制にすべきだ」と改革を訴えて清朝政府から弾圧され、1898年に日本へ亡命した。横浜の中華街に住み、日本の歴史書を参考にして『中国史叙論』という本を書いている。中国の通史を書こうと試みたひとりだ。

彼は『中国史叙論』で「中国民族」という概念を打ち出した。民族による万世一系説である。ところが、他の革命家たちは「中国民族よりも、中華民族のほうが華があっていい」と「中華民族」という言葉を使いだした。

当時、彼らが考えた中国民族、中華民族には、孫文と同様に、満洲人やモンゴル人は含まれていない。駆除韃虜であるから、あくまで漢人という民族意識から革命を進めようとしていた。

ところが、30年ほどがたち、1937年に日中戦争がはじまると、中華民族の意味が変わってくる。ナショナリズムが強まり、中華民族に満洲人やモンゴル人も含むというように概念がどんどん拡大された。駆除韃虜のスローガンは忘れ、「満蒙は中国だ」と主張するようになる。

日本人と満洲人、それにモンゴル人によって満洲国が建設され、内モンゴルが日本の影響下に置かれると、中国人は「日本は中国を侵略するために、満蒙非中国という屁理屈を持ちだした」と非難するようになる。「満蒙非中国」は日本人による分断工作のスローガンだとされ、日本人の責任に転嫁された。

日本との戦争では「満洲とモンゴルは中国であり、同じ中華民族の満洲人とモンゴル人を救おう」という意識の共有が効果的だった。当の満洲人とモンゴル人が、自分たちの独立国を建設したかったかどうかは関係ない。

■満洲人と漢人は同じ民族ではない

当時の満洲人が、中華民族の一員と言われてどう思ったかを示すエピソードがある。国民党政府が「国内の諸民族は一致団結して日本の侵略者を撃退しよう」とキャンペーンを張ったとき、天津に住む満洲人の家庭で、子供が「わたしたちも中華民族として日本と戦うの？」と質問した。母親は即座に「いいえ、違います。私たちはシナ人じゃありません。シナ人の主人です」と答えたという。清朝時代を知る満洲貴族の話だろう。

当時、天津には廃帝の愛新覚羅溥儀《あいしんかくらふぎ》をはじめ、満洲人が多かった。満洲人の支配階層は「われわれは明国を倒して漢人を支配したのだから、同じ民族ではない」と考えていた。モンゴル人も同様に「われわれは南宋を倒して元王朝をつくり、漢人を支配したから同じ民族ではない」と考えていたはずだ。

満洲人とモンゴル人が漢人にそう話すと、次のような理屈が返ってくる。

「たしかにわれわれは征服された時期がある。でも、漢人のほうが優れているから、みんな漢人になったじゃないか」

満洲人もモンゴル人も野蛮人だから、漢人の文化に触れて感化されて、みんな漢人になった、というのである。

今も昔も漢族は、自分たちが負けたことを認めようとしない。負けっぱなしの時代でも「あいつらは戦争しか能がない野蛮人。われわれは教養ある読書人。ああいう野蛮な連中と本当は戦っちゃいけないんだ。われわれのほうが優れた民族なんだから」と言うのが常だ。

漢人の強烈な負け惜しみは、朱子学などの思想を生んだ。日本で朱子学といえば、徳川幕府が官学として奨励したとか、藤原惺窩《せいか》や林羅山《らざん》が専門家だったとか、日本史の教科書で簡単に説明される程度で、思想の中身はほとんど教えない。

朱子学は12世紀に南宋の朱熹《しゅき》が儒教の新しい学問体系として構築した。13世紀に元（大元ウルス）が宋王朝を倒して中国を統治すると、朱子学の学者たちは「元は暴力で宋王朝を倒したから、元の皇帝はじめ支配者たちには徳がない。徳がない政治には従わなくていい」と反発しだした。ケンカが強いだけで徳を知らないモンゴル人は野蛮であり、徳を重んじる漢人のほうがはるかに優秀だという〝負け惜しみ〟は元の時代に広まった。700年がたった現在も、漢人の〝負け惜しみ〟は変わることなくつづいている。

漢人の留学生が、日本に来て『中国史叙論』などを書くのも、負け惜しみの精神にスイッチが入ったからだろう。

日本の知識人とディスカッションするうちに、彼らは「あれ、自分の祖国には名前がないぞ」と気づいた。清国からきたけれど、清というのは満洲人が支配する王朝の名前だ。清の前にあった明、明の前にあった元も王朝の名だ。日本、アメリカ、イギリス、フランスなどの国名は、国のトップが入れ替わっても変わらない。

彼らは「わが国にも長い歴史を貫くひとつの名前が必要だ。そうだ、〝中国〟がいい」と考えて『中国史叙論』は構想する。「王朝をまたがる数千年の歴史」という概念は、梁啓超が発明したものだ。彼もまた、日本に2600年もの歴史があると知ってショックを受けた漢人のひとりだ。

■少数民族の減少と漢族への編入

現在の中国政府は、2013年に習近平が国家主席に就任した当初から「中華民族の偉大なる復興」をスローガンに掲げている。中華民族の始祖は黄帝であるとし、モンゴルやウイグル、それにチベットなどの諸民族では、反感も強い。

政府だけでなく、漢族の多くが「中華民族は存在する」と主張しているため、呉教授はこれを「官民一体で歴史を書き換えた」と指摘している。

呉教授の『あなたが漢族であるはずがない』が台湾の八旗文化から出版されたとき、私は出版界とメディアへの推薦文を頼まれて「100年の民族の呪縛を解く」と書いた。

この逆説的な書名が意味するものは、中国人でなければピンとこないかもしれない。「あなたは漢族ですよ」と言われつづけ、呪縛を受けている中国人にはハッとさせられるタイトルである。

中国政府は、建国から75年かけて、いくつもの少数民族を消滅させてきた。実際に人命を奪ったという意味だけでなく、少数民族が存在するという国民の認識を消去している。

政府が1953年に実施した国勢調査（人口普査）には、「あなたは何族ですか？」という質問項目があり、国民の回答から400以上の少数民族があると確認された。ところが、26年後の1979年の調査では56民族に減り、現在は55民族となっている。

少数民族の種類を意図的に減らす方法はいくつかあり、共通の特徴があると見なして複数の民族をまとめてしまう政治的工作もそのひとつだ。

たとえば南中国では、雲南省の傣《タイ》族と似た言語を話す民族をみんな傣族に編入した。政府から「あなたは今日から傣族です」と言われ、「自分たちは別の民族だ」と主張しても認められない。実際、このような再編に不満をもつ少数民族の人たちは多い。

もうひとつの方法は、むりやりに漢族に編入することだ。

たとえば、中国の南西部にある貴州省には80以上の少数民族が暮らし、そのひとつに「穿青《せんせい》族」がいる。穿青とは「青い服を着る」という意味で、女性がきれいな藍色や緑色の民族衣装を着ることで知られている。

2000年の第5回国勢調査では、67万人もの「穿青人」が少数民族とは認められず、多くは強制的に漢族に編入された。「私たちは藍色の服を着るから穿青族です」と主張しても、「いや、あんなものは民族衣装じゃない。そもそも服装は少数民族の証拠にならない」と取り合ってもらえない。民族が民族としてなりたつのは、独自の文化をもつのが条件とされている。民族衣装は当然、立派な文化である。

また、国勢調査で「あなたの民族を次から選びなさい」という質問があるものの、選択肢に故意に穿青族という項目を設けないように操作することもあった。意図的に漢族になるよう誘導していた事例のひとつである。

少数民族が漢族に編入されるときの原則はいくつかあって、まず、日常的に漢字を書いていること。話し言葉がどんな言語であろうと、漢字を用いていれば漢族と見なされる。漢字の姓を用いていることも原則のひとつだ。もし日本が中華人民共和国の一部になれば、日本人の大多数は漢字が書けて漢字の姓を用いているから、漢族に編入される可能性は十分にある。

呉教授の『あなたが漢族であるはずがない』は、中国で少数民族が減りつづけ、漢族に編入された人たちが多くいることを背景に出版されている。呉教授に言わせると、漢族や中華民族の概念は、清朝末期の革命期からつづけられてきた、知識人と政府が協働して捏造したフィクションである。

漢族は誰よりも優れた民族であり、劣っている民族は漢化することで高めることができるという発想が根底にある。マルクス主義的にいえば、漢化は劣った民族を解放する善行であり、優れた漢族の義務でもある。ダーウィンの進化論と同様に、マルクス主義も漢族の中華思想と実に相性がいいと呉教授は述べている。

後述する他民族へのジェノサイドや他国への侵略や進出も、漢化という解放であるから後ろめたいところはない。漢化は「文明化」で、文明化すなわち「解放」だという論理である。アメリカなどから非難されることは、彼らには心外なのだ。

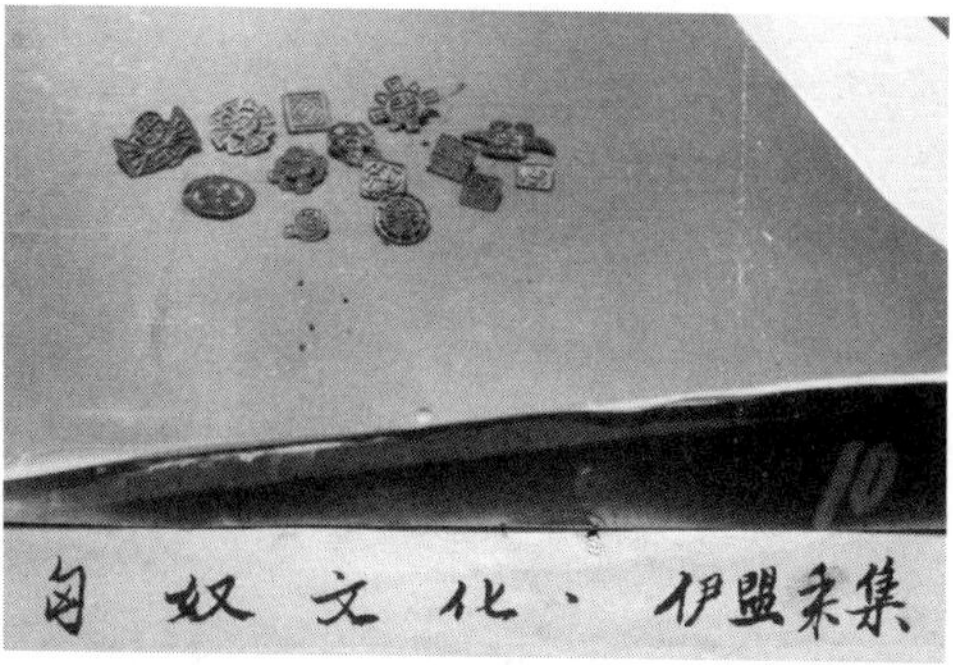

写真6　1970年代に内モンゴル自治区西部オルドスの民間から収集された「匈奴式青銅器」。世界の考古学界ではオルドス式青銅器やスキタイ式青銅器と呼ぶ。東はモンゴル高原から西の黒海北岸まで均一のデザインで出土し、ユーラシアの古代遊牧民のものと理解されているが、反知性主義を貫く中国だけは自国との関連性のみを強調し、「わが国の古代北方少数民族・匈奴」として展示していた。(Batujirghal氏より提供)

結び　書き換えられた歴史を鵜呑みにしてはならない

呉教授の3冊目の著書である『20世紀の中国史学と歴史家たち』は、壮大なビジョンをもって執筆され、20世紀に皇漢史観、大漢族主義の歴史を捏造した歴史家たちを糾弾し、その捏造過程を明らかにしている。当事者である歴史家たちにインタビューし、何の目的でどのように歴史を書き換えたかについて踏み込んでいる。

一例をあげよう。

呉教授が糾弾する歴史学者のなかには、周辺の民族に対して、漢字で書かれたものは、すべて漢族の所有になると主張している者もいる。

遺跡や墓から発掘されたものに、漢字が一文字でも認められたら、ただちに漢族の所有になると定義しているのである。

たとえば、モンゴルやウイグルが中国を支配していた時代の遺跡から、漢字が書かれたものが出てきた場合も、すべて漢族の所有となる。この無理な理屈は「本当はかつても漢族が支配していた」という歴史の書き換えにつながるというのだ。

日本にもこの定義をあてはめれば、漢族の支配下にあったという理屈になるだろう。漢字を使っていただけでなく、漢詩や漢文まで駆使していたほどだから。実際、朝鮮半島に対しては、素朴な民族意識から「彼らは朝鮮人と自称しているが、漢文を読み書きしていたのだから漢族の一部だ」と主張している。

ちなみに、同書は台湾で出版される前に、私のもとに送られてきた。しかしまだ読み終わらないうちに、呉教授から「メディアで紹介したり、引用したりしないでほしい」というメールが届いた。

同書が台湾で発売されて間もなく、書店から回収されたというのである。おそらく中国政府からの強い圧力があったのだろう。

その後、呉鋭教授は北京に戻り、現在は北京から出ることが許されていないそうだ。習近平政権にとって不都合な真実を指摘するということに、そのような危険性を感じても、自らの信念や使命感に突き動かされて活動をする人間が中国にもまだいるということを知ってもらいたいと思う。そしてこうした情報が私のもとに届くたびに、一日本人でもある私はこう思い、告げたいのである。

日本人よ、「書き換えられた歴史を鵜呑みにしてはならない（特に中国に関しては！）」と。

Ⅱ部

中国の本質を見破る視点②

「他民族弾圧」の歴史と現在

諸民族弾圧の実態を隠蔽するために描かれた「団結しあう幸せな諸民族」。中心に陣取る漢族は労働者として登場し、「プロレタリアートは革命の先鋒だ」とのイメージ。モンゴル人は必ず馬頭琴を弾き、左下のウイグル人女性と右下のチベット人女性は踊りが上手いとの幻想で、中国流オリエンタリズムの産物。（著者所蔵）

1　身近な中国、遠い中国

■友好的な人がいれば、そうでない人もいる

数年前から〝ガチ中華〟が増えたという話を聞くようになった。いわゆる「町中華」が日本人の舌に合わせた中華料理であるのに対して、〝ガチ中華〟は中国人が好む本場の料理を食べられる店のことをいうそうだ。

ブームの火付け役となったのは東京・池袋にある中華店だといわれる。池袋といえば豊島区の大繁華街で、日本を代表するターミナル駅がある。その豊島区に居住する外国人の国籍は中国人がおよそ半数にも上っているという。

東京全体を見ても、２０２４年1月時点の都内在住外国人約65万人のうち約40％が中国人（都総務局人口統計部データ）であり、26万人近い中国人が都内に住んでいることにな

る。これだけ多くの中国人がいれば、昔ながらの町中華ではなく、中華圏の人々が好む味の中華料理店が東京で増えるのは当然かもしれない。

いうまでもなく、日本には、古くから多くの中国人が移住してきた。華僑と呼ばれた従来の移住者は、横浜、神戸、長崎といった各都市でチャイナタウンを形成している。つまり中国のローカルルールはチャイナタウンのなかに限定して、地元の日本人とは良好な関係を築くことで共存共栄を望んできたように思う（日本が好きになって、私のように、日本に帰化する人も多数いたにちがいない！）。

そのように日本のルールを尊重しながら地元社会との間では衝突を避け、静かに暮らしてきた人たちがいる一方で、そうでない中国系の人たちもいる。

たとえば、２０２２年10月にサンシャイン60のフランス料理店で起きた大乱闘事件は記憶に新しいところだろう。サンシャイン60といえば池袋のシンボルタワーであり、家族連れや中高生も訪れる有名スポット。そのような場所で起きたことは衝撃的だった。

また地方の私立高校では、経営難から脱するために、中国人留学生を積極的に受け入れていたら、いつのまにか留学生ばかりの学校になったという例もある。

日本でもようやく経済安全保障推進法が成立したが、中国人留学生を介して、先端技術が流出、漏洩するリスクに対する責任を日本企業が負う時代になっている。

さらには、マネーロンダリング、スパイ、日本国内の攪乱といった非合法な行為を目的に入国した中国人が、一般市民が暮らす社会に潜伏していることも否定できない。

そうかと思えば、共産党支配に嫌気がさし、純粋に日本で暮らすことに希望をもち、祖国と決別し、移住してくる中国人もいる。

そうしたことは何も「中国人」だけに限ったことではないだろう。しかしこと「中国人」に関しては、それぞれの背後に「中国」という国家の存在が見え隠れすることに注意を払う必要がある。日本人にとっては、長年の歴史から身近な存在であるだけに、その本質が見えにくくなっていることに気づかなければならない。

■「東夷・南蛮・北狄・西戎」という中国の歴史的な世界観

私には毎日心を痛める重大な問題だが、平和な日本にいると、つい見過ごしてしまうのが「他民族弾圧」だろう。

他民族の社会のあり方やルールを顧みない。中国のそうした行動原理は、歴史上の事実としてわかりやすく表れ、現在も散見する。

そもそも中国の社会は、古くからの城壁国家が原型となっている。すなわち街の周囲を城壁で囲み、周辺の民族とは隔絶するのを基本とする。

そしてそうした歴史的背景からは、城壁国家は城壁の内側に暮らす人々のために存在し、すべての中心に位置するという世界観が醸成された。

さらに、自分たちが暮らす城壁国家の周りには「東夷・南蛮・北狄・西戎」と呼ぶ、野蛮で文明化していない諸民族が分布するという世界観も生まれた。中国が他の民族を見る際の根底にある異民族観である。

ところが、こうした中国の世界観、異民族観はその時代の国力によって、あるいは皇帝個人や一部の政治家の野心、意向によって、解釈が変わる。新たな解釈ができるたびに、「国境」の観念も伸縮自在に変化する。

したがって国力が強い時期に、たとえば「南シナ海やシベリア、サハリンまで中国のものだ」と時の支配者が公言してもおかしくはない。なにせ自分らが世界の中心であり、その「中心」の範囲は固定されていると認識していないからだ。国力と皇帝の意志に応じて自在に広げられる。基本的にそう認識しているからだ。

近年、中国の国力が強まり、ロシアの国力が弱まっているのにともない、「バイカル湖やサハリンを取り戻せ」という議論がすでに中国ではじまっている。それが、共産党政権の発想というよりも、古代から中国社会の隅々にまで浸透してきた考え方だからだ。

古代中国の春秋戦国時代、分裂している7カ国のうち、北の遊牧民世界と境を接する国々は、どこも独自に長城を築いていた。やがて秦が中国を統一するが、秦は各国の長城をつなぎ、現在知られる万里の長城の基礎を築き、中国と北方民族の境界とした。最終的に完成するのには、モンゴルが長城以南から草原にもどったあとの明朝出現まで待たねばならなかった。

歴史的に見れば中国は北方民族から幾度となく攻撃を受け、征服されることも多かったため、万里の長城は北の防塁として、中国と北方遊牧民との境界でありつづけた。

その一方で、中国は南へ、そして東へ膨張していくことになる。

たとえば越の国（現在のベトナムあたり）にたびたび進出し、現地の民族を南へ南へと追いやっていった。ベトナムだけでなくタイ系の民族も、中国の南方を北から追われて南下せざるを得なかった。現在は中国の雲南省となっている地域も、明国の時代まで実は中国の「外」だった。

東は高麗、つまり朝鮮半島だが、歴史を振り返ると、野心的な皇帝はたいてい朝鮮半島への進出を試みている。たとえば隋の煬帝《ようだい》は、高句麗への進出を企てている。しかし煬帝は、高句麗征服に失敗した。また隋以前の三国時代に、魏も北方進出を試みたものの、うまくいっていない。

ただこのように中国は国力が強まると周辺地域に侵略するが、異民族との間に軍事力の差があって征服にいたらないことが多かった。とりわけ北方に関しては、近現代まで進出を果たせなかった。

実は、北方も含めて周辺への進出に本格的に成功したのは、内モンゴル・チベット・東トルキスタン併合を実現した毛沢東が最初なのである。

■征服と国土開拓のあいだ、そして中華思想のはじまり

いずれにしても、中国と異民族との関係は長きにわたり「中国の国力が充実すれば異民族を攻める」状況がつづいてきた。つまり、現在の中国が世界から批判されているウイグルやチベット、それにモンゴルといった少数民族の弾圧も、非連続なようで連続性のある

歴史的行為の反復だともいえるのである。

ただ、先述の通り、その征服を目的とする膨張はうまくいかなかったことが多く、歴史的に少数民族をまともに統治した経験がないのも確かである。

それゆえ、一種の負け惜しみ、恐怖心、あるいは敵愾心から、周辺の異民族を「東夷・南蛮・北狄・西戎」と呼び、モンゴルやウイグル、チベットに代表される民族弾圧を繰り返してきたのだと私は考える。

中国の「負け惜しみ」の歴史観については、歴史学者の故・岡田英弘先生も指摘されたことだが、内モンゴルに生まれ育ち、現代中国の内側にいた私なりの体験的歴史観で、その負け惜しみや敵愾心のはじまりについてもう少し掘り下げてみると、実は征服と国土開拓の歴史に関係があることが見えてくる。

紀元前の非常に古い文献である『左伝』（春秋左氏伝）に「わが族に非ざる者は、その心もまた異なる」という有名な言葉が記されている。

要するに、中華以外の人間は心がわれわれと違うので、自分たちとは違う人間だと言っているのだが、これを「異心論」という。その「わが族に非ざる者」に対し、中国がたどり着いたのは「同化させるべき」だという考え方だった（私はこれを「同化論」と呼ぶことにした!）。

欧米でいう「カルチャー」に、「文化」という訳語をつけたのは近世の日本人で、中国語の「文化」は意味がまるで違う。それは、相手を「文明化」させることであり、別の言い方をすれば、「中華化」することだ。つまり中国人（漢族、漢人）と同化させることである。この「中華化」は、「華化」「華夏化」と言い換えることもできる。

「華夏」とは、まさしく「中華」そのものを指し、あるいは「中華民族」そのものを意味する言葉だ。異民族を華夏にすることこそ、中国人にとって「文化」だといえる。漢字圏に生きる日本人だからこそ、見えにくい例のひとつである。

ところが話をややこしくするようだが、最初に「われわれは華夏だ」と称したのは漢人ではない。五胡十六国時代の五胡、つまり万里の長城を越えて南下してきた北方異民族の匈奴と鮮卑《せんぴ》が、自らを「華夏」と呼んだのである。

これは1990年代にNHKの後藤多聞氏が、台湾の中央研究院で電子化された漢籍をつぶさに検索したところ、最も古い「華夏」の文字が五胡十六国時代の文献で見つかったことからわかったものだ。

五胡十六国、つまりテュルク系言語やモンゴル系言語を話す匈奴系・鮮卑系の人々が大挙して万里の長城以南の地に入り、互いに融合して共存をめざすなかで、ある種のスローガンとして自分たちを「華夏」であると唱えた。

彼らは長城以南の地に暮らしていた中国人（プロト・チャイニーズ）たちともコミュニケーションをとるため、一種のピジン語（異なる言語の話者間で通じる混合言語）を話すようになった。おそらくは漢語の語彙《ごい》をベースに文法表現をアルタイ語化した言葉で、それが後に現代の中国語の祖型になっていったと考えられる。つまり中国語とは、諸民族融合の必要性により生まれたピジン語だといえるのだ。

ちなみに、北方から遊牧民がやってきたことで、それまで長城の南に暮らしていたプロト・チャイニーズはどう対応したかというと、一部は異民族の支配からどんどん南へ逃れ、いわゆる「客家《ハッカ》」となった（どこへ行っても客人扱いされるがゆえに、そう呼ばれるのだ！）。

■漢人、それは歴史を書き換える民族

ところで今、私が説明してきた意味での「華夏族」は、自らを漢人と名乗ったか。もち

ろんそうではなく、もともとが遊牧民であることに誇りをもっていた。祖先が匈奴であることを示す石碑が数多く長城沿いに残っているのは、その証左であろう。

つまり、「北方異民族は野蛮人であり、万里の長城の南に入ってきた人々を当時の漢人たちが漢化すなわち文明化した。それゆえに異民族たちは北方からきた民族であることを隠していた」というような現代中国がいう歴史は、後世に書き換えられたものだといえる。

歴史を書き換えたのは、いうまでもなく漢人だろう。「中国文化は優れているため、野蛮な遊牧民を同化したのだ」という論理とその実行プロセス。それこそ、中国人にとっての「文化」なのである。

同時に「北方異民族たちは漢化したからこそ華夏と呼ばれるようになった」という見解もあるようだが、これも適切ではない。繰り返すようだが、実際は北からきた異民族らが、長城の南に暮らしはするものの、いわゆる漢人になるつもりはなかったため、新たに華夏と自称したのである。

こうした「中国文化が優れているため、異民族は漢化した」という歴史認識が打ち出されたのは主に近代以降で、その祖型は宋代にまでさかのぼる。

南宋の儒学者である朱熹が形にしたといわれる、日本人が近世からとくに受け入れてきた朱子学の「負け惜しみ」論がその原型となる。

宋は国力が弱く、モンゴル系の契丹（キタイ帝国）や満洲系の金《きん》と軍事的に対抗できなかった。契丹や金と戦って五胡十六国の再来を招くことを恐れたがゆえに、金によって南に追われて南宋を建国したとき、「自分たちは野蛮人と異なり戦いには興味がないが、代わりに文化がある、それゆえに強い」という一種の自己満足、言い換えれば負け惜しみの思想として朱子学が誕生した。

それが近世に入り、とりわけ満洲人の清朝が崩壊していく過程を見て「満洲人も漢化＝漢文化に同化した」という考え方が生まれ、本書Ⅰ部でみたような、歴史を書き換えるという不合理な仕業が合理的なものへと転換していったといえる。すべては漢人や漢人の文化が優れているという物語を捏造するためである。

■「負け惜しみ」思想から、異民族に対する憎しみへ

この考え方は、軍事面で負けているものの文化面では勝っているという負け惜しみが根

本にあるため、長い間強調されつづけるなかで、異民族に対する一種の憎しみや政治的憎悪に変貌していったと私は見ている。それがさらに、国に力があるときは異民族を征服し、力ずくでも同化させるという傲慢な観念と暴力的政治手法に結びついたというのも言い過ぎではあるまい。

そしてこの「負け惜しみ」は、どんな場合でも発揮される。

たとえば、大阪市立東洋陶磁美術館や東京国立博物館には、宋の青磁と並んで契丹の白磁も収蔵されている。

宋の陶磁器はもちろん美しいが、契丹の陶磁器も同じように美しい。それは誰の目にも明らかであり、契丹の文化の高さも認めざるを得なかった。しかも、契丹の陶磁器には西方文化との交流の特徴も認められるのに対し、宋のものは地域的である。

そのときでも朱子学では、現実的に夷狄の文化にも優れた部分はあると認めつつも、負け惜しみで「夷狄に100年の天下なし」という解釈を生みだす。つまり、「夷狄が漢人の地に入ってきても、その天下が100年保たれることはない」という論理である。

しかし、漢人からみた夷狄が、契丹の遼も、満洲（女真）の金も、そしてのちのモンゴル帝国も、100年以上の長きにわたって中国を支配したというのが歴史の真実である。

それに対しても、朱子学は「夷狄も華夏化すなわち漢人の中国と同化することが可能で、そうすれば天下をとる正統性が生まれる」という合理的な考え方を編み出す。この考え方が結果的に異民族同化論へと変質し、漢人の優れた文化力が「野蛮な遊牧民を同化した」という歴史の書き換えにつながっていくのである。

さらに清の時代になっても、この考えは適用されたようである。「満洲の清も漢化したので天下の主人になれた」という論理をつくり上げることで、暴力による異民族の虐殺と征服を正当化する根拠として発展させていくのである。

けれども、ここまで見てきたように、漢文化への同化論はそもそも歴史的に成立しない。しかし歴史を書き換えることで、現在の中国の政治家や知識人は、異民族を同化させることにおいて、自らを正当化できるのである。

そして、これこそ現在の少数民族弾圧の根底にある中国の民族的な本質であるというのが、私の中国論の根底に常にある。

2　中国の「北方少数民族弾圧」の歴史を掘り返す

■「わが国の北方少数民族」という滑稽な言説

現代の中国には、「わが国の北方少数民族」という考え方が存在する。この言説は最近の日本ではさほど見られなくなったが、中国では国定史観・官製史観として定着しているものだ。

これは、匈奴、月氏《げっし》、突厥《とっけつ》、蒙古、契丹、満洲を中国の北方少数民族だと規定し、歴史上彼らが建てた国はすべて中国の地方政権だとする考え方である。

そうなると、モンゴル帝国も含めて、北方の異民族が現代の中国の領土に建てた国はどれも、あくまで地方政権にすぎないという論理の破綻が生じる。この言説は、非常にユニークというより滑稽ともいえるもので、いうまでもなく、世界の歴史観の大勢とも抵触し

写真7　モンゴル高原北西部に立つ鹿石《しかいし》。青銅器時代のユーラシア遊牧民のモニュメントで、一部はその下部にスキタイ式（オルドス式とも）青銅器が彫刻されている。鹿石のある遺跡群と近隣するシベリアのミヌシンスク盆地の青銅器文明は古代中国の青銅器文化の形成にも影響を与えた。モンゴル高原の鹿石は2023年にユネスコの世界遺産に登録。2019年夏撮影。（著者所蔵）

ている。

たとえば匈奴は、ユーラシアの視点からみた世界では「フン族」とも呼ばれる。フン族は単一の民族ではなく、さまざまな民族を含む概念であって、もちろん中国の北方少数民族というわけではない。ちなみにモンゴル語やテュルク語では、フン族を複数形で「フンヌ」と呼ぶが、これは「人間」を意味している。

また月氏は、現在の中央アジア、イラン、北部インドにかけて複数の王朝を建てたタジク（イラン）系民族であり、これもやはり中国の北方少数民族ではない。

突厥はテュルク系諸民族で、古い時代から中央ユーラシアに広く分布し、その一部が東に移動してモンゴル高原の遊牧民になったという説をヨーロッパや日本の学者は唱える。

同様に、モンゴルも契丹も満洲も、とてもではないが「中国の」北方少数民族とはいえない。

人類史的に見ると現生人類、ホモサピエンスは西から東へ移動してくる。これに対して、歴史が始まって以降、むしろシベリアやモンゴル高原の遊牧民が西へ移動し、ユーラシアの歴史をダイナミックにつくり上げていった。

古代ギリシアのヘロドトスが『歴史』で述べた最初の遊牧民・スキタイも、シベリア南部からユーラシア北部を通り、西へ向かった。そのため大きな古墳や動物文様の青銅器に特徴を持つスキタイの文化が、シベリア南部・モンゴル高原から黒海北岸のウクライナまで共通してみられる（古墳や青銅器は、のちの日本との関連・関係性を探る重要な要素でもあるのだ！）。

■北方の遊牧民は西へと移動した

東遷してきた人類が、なぜある時期から西へ逆流していったのか。それは、万里の長城の南側の世界で人口が増加し、生活が貧しくなったからだと考えられる。

五胡十六国時代、北方の遊牧民たちは長城の南へ入ってきたものの、北側と比べて土地は狭く、価値観の違いもあって自由な移動がままならなかった。つまり、遊牧ができなかった。そもそも長城の南には遊牧民が欲する広大な草原が存在せず、高温多湿な気候もヒツジやヤギなど有蹄類の育成には不向きだったのだ。

価値観の違いというのは、実は重要である。遊牧民は馬に乗って広大な土地を自由自在に動きまわることが生活の柱であり、馬を下りて決まった土地に定住して土をいじり、農業を中心に暮らすという生活面での価値観にまったく馴染まなかった。

さらに、馬に乗った人間は視点が高くなる。馬上から見ると遠くまで見渡せるうえ、常に移動しているので、離れた土地の多彩な情報に接することができる。現在もユーラシアの遊牧民が出会ったときの挨拶は「何かおもしろいことはないか?」、つまり新しい情報を求める言葉だ。

こうした価値観やライフスタイルの違いから、遊牧民たちは古くから農民たちに対して一種の優越感をもっていたように思える。

馬に乗り、いつも遠くを見ていると、眼下を歩き、徒歩圏内で定住している人たちを気持ち的にも見下ろしたくなるものかもしれない。歩行者優先の考え方が社会に根づいている現代でも、ひとたびバイクや自家用車のハンドルを握り、歩行者を追い越すうちに無意識な優越感を覚えることもあるはずだ。

加えて、西は文明が多く、古くからインダス、ペルシア、そしてギリシア、ローマが栄え、経済的にも豊かだったという事情もあると考えられる。それに比較して、中華世界は気候的に不安定で、貧しかった。食物をつくるには治水・灌漑《かんがい》が必須だったが、せっかく大規模な工事を実施しても翌年にまた洪水で流される、という状況が続いていたのだ。

■「前期グローバリゼーション時代」をつくった遊牧民

ほかにも、西には一神教の風土があったことが大移動のひとつの理由と考えられるだろう。一神教の社会では、その宗教さえ信仰すれば交易なども自由にでき、他の宗教にも干渉しないからだ。

ちなみに、キリスト教、イスラム教、仏教という三大宗教はすべて西からきたもので、中国固有の宗教らしい宗教というものは、実は生まれなかった。確かに道教があり、儒教もあるが、どちらも地域宗教で儒教はとくに西からの宗教と性格が異なる。

古代中国においては、儒教の思想から、権力を握るのは皇帝のみであり、神や仏ではない。その皇帝が自分の都合に合った思想しか許さず、とりわけ外来の宗教を弾圧する。この歴史は現代にも続いている。神ではなく、人間それも権力者を、あまねく人々の上に君臨する存在だと位置づけているので、容易に個人崇拝、それも権力者崇拝が生まれるのである。

秦の始皇帝から現代の毛沢東や習近平まで、どの政権も個人崇拝を強調するし、民もまたしたがう。その結果、無宗教者が多いのは間違いなく、宗教への危険視からくる管理統制や弾圧が、今の習近平政権が推進する「宗教の中国化」によりさらに強化されようとしている。

中国共産党としては、宗教を愛するより国を愛せよ、党を愛せよ、イエスやムハンマド

写真8　モンゴル高原北西部の高峰、ムンフハイルハン岳近くの石人。古代テュルク系遊牧民である突厥が残したものとされ、内モンゴル中央部からはるか西の黒海沿岸まで分布している。1995年夏撮影。(著者所蔵)

よりも習近平を愛せよ、ということだろう。それゆえに中国ではキリスト教会やモスクに「愛党・愛国」と必ず書いてあり、「愛教」を第一にすることは認められていない。中国風に改修することなども進められているという。

ともかく、自由を求める民族性が、古代の遊牧民を西へと向かわせたことは想像できる。たとえば、スキタイはペルシアとローマに深くかかわり、フン族の襲撃は東ローマ帝国崩壊の契機ともなった。テュルク系民族、またモンゴル系の契丹も遼の崩壊後に一部が西遷し、中央アジアで西遼（カラ・キタイ帝国）を建国。さらにチンギス・ハーンが現れ、モンゴル帝国は13世紀に西を征服していく。

チンギス・ハーンの進撃があれほどスムーズに成功したのも、彼よりも前に、多くの仲間が西に進んでいたからだ。カラ・キタイ帝国の人々はモンゴル系ゆえモンゴル語を話し、テュルク系民族が話す言葉もモンゴル語とよく似ているため、容易にコミュニケーションできた。

そもそもチンギス・ハーンはモンゴル高原にいた時代から、洗練された文化を持つテュルク系集団に憧れていたといわれ、テュルク系の言葉も話せたはずだ。

いずれにしても、西へ行った遊牧民たちはユーラシア史を、世界史をつくり上げてきた。近年、歴史学者たちはこのあたりの時代を「モンゴル時代」、あるいは、人種や宗教を問わず国際貿易が展開されたことから現代のグローバリゼーションと比して「前期グローバリゼーション時代」と呼んでいる。

シルクロードも、いうまでもなく遊牧民が主役である。西へ移動した遊牧民たちは、歴史の内燃機関として特筆すべき役割を果たしていることは間違いない。

このような世界的に躍動した民族を、「わが国の古代少数民族がつくった地方政権」と矮小化するところにも、中国の本質が見え隠れしている。

総じていえば、匈奴、月氏、突厥、蒙古、契丹、満洲など、一度も漢人政権と隷属関係になった事実はないし、そもそも当時の漢人地域に「中央政権」が成立していたかどうかすら怪しい。

にもかかわらず、ユーラシア規模で移動し、前期グローバリゼーションの担い手たちを「自国の地方政権」と書き換えるのは、自己満足の本質を満たすためとしかいいようがない。

騎馬民族征服王朝説をめぐって

一方で、西へ移動しなかった遊牧民はどうしたのか。ここまでも触れてきたように、彼らの一部は南下して中華世界に入り、征服王朝を建てた。

征服王朝というのは、1949年にアメリカの学者、故・カール・ウィットフォーゲル氏が『中国の社会史――遼王朝』で提唱した学説である。

中国に代表される東洋的専制主義の歴史的形成に注目した彼は、契丹が建てた遼王朝を分析したところ、契丹は中華を征服した後、漢と遊牧民の双方を支配して半農耕・半遊牧となり、それ以前と異なる、きわめて開明的な統治システムを構築した事実に気づいた。

そして、征服者の遊牧民も漢化したのではなく、独自の文化を開花させたと考えた。この説は後に専制主義の後継者を自認する中国人に批判されたが、いずれにせよ契丹は世界史の観点から見て、中国の専制主義的歴史を大きく変えたと主張した。

ここから大きなヒントを得たのが東京大学名誉教授の故・江上波夫氏である。江上氏はこの説を日本に適用し、いわゆる「騎馬民族征服王朝説」を編み出した。

彼が証拠として着目したのは、天皇家の即位儀礼が遊牧民の大ハーンの即位式と酷似していること、後期古墳時代の古墳から馬具が数多く出土するようになったことの2点である。そこから、騎馬民族が日本に入り、後に「大和化」したと考えた。

これに対し、国立歴史民俗博物館長を務めた故・佐原真氏が、日本には遊牧民に不可欠な家畜の去勢文化がなかったことなどから同説を否定したほか、批判が多かったこともよく知られている。

最近の若手の考古学者は、スキタイ式青銅器が日本各地で出土していることから、騎馬民族自体は日本列島に来なかったものの、騎馬文化は確実に流入したという折衷説を提示している。私もこの説に賛同する。

近年は、清王朝の漢化を否定するアメリカの「新清史」の史観や、農耕よりも遊牧のほうが先に生まれたとする説も出ている。いうまでもなくこれまではメソポタミアなどで農耕都市文明がまず登場し、そこから遊牧民になる人間が出てきたというのが定説だったが、最近の考古学者や人類学者たちは、定住していた人間があえてさまよい出て遊牧民になることは考えにくいと主張する。

いずれにせよ、「遊牧民は野蛮人であり、漢人が彼らを文明化させた」という認識には、世界の歴史を見ても無理があることは間違いない。ついでに指摘すると、日本やアメリカの研究者が「新清史」のような斬新な学説を出せるのは、清朝の公用語の満洲語やモンゴル語などが読めるからだ。

遊牧は定住と同時にはじまったとの説も、綿密な現地調査に依拠している。それに対し、中国の「学者」たちは、満洲語やモンゴル語を読もうとしないし、他民族地域に入ってフィールドワークをする者も少ない。当然、魅力的な学説も、中国人の書斎からでることはない。

3　現代の少数民族弾圧の実相とその本質

■モンゴル人ジェノサイドの真実

では次に、現代の中国がなぜ少数民族を弾圧するのかについて考えていく。まず取り上げるのはモンゴル人ジェノサイドである。

１９６６年から10年間の文化大革命で、モンゴル人は34万人が逮捕され、２万７９００人が殺され、12万人が負傷して障碍者になったといわれる。これは定説としていわれている数字だが、実際にはもっと多いと私は見ている（拙著『墓標なき草原』ほか参照）。

なぜこのようなジェノサイドが起きたか。根底にあるのはやはり、歴史への恨み、過去への憎悪ではないか。

漢族にとって、歴史とは政治である。漢族からすれば、モンゴル帝国史、元朝史は「野蛮な蒙古人が、文明化した中華を征服した歴史」となる。要するに、征服され破壊された恨みの歴史である。

現実の話として、文化大革命の際にモンゴル人を殺すとき、中国人は「おまえたちはチンギス・ハーンの時代にわれわれを侵略して殺した。だから今、仇を取るのだ」と言っていたという。この記憶からも、13世紀の歴史に対する復讐だったことが想像できる。

また漢族は、先述の「負け惜しみ」を発揮して、モンゴル人が現代の中華人民共和国よりもはるかに広域な領土を支配した元朝も、「優れた漢文化により漢化した」国家として考えるようになる。

ところが台湾・中央研究院の歴史学者、蕭啓慶氏は、当時のモンゴル人は、イスラム文化やペルシア文化などと同様に漢文化も部分的に受け入れたが、少しも漢化はしていないとして、漢文化受容と漢化の違いを鋭く指摘する。わかりやすくいえば、漢文化自体はよい文化として受け入れ、中国茶を飲み、漢詩も書くようになったものの、それは自分自身が漢人になった（＝漢化した）こととは異なるという意味だ。

また清朝の成立時は、モンゴル人が満洲人と同盟を組んで、朱元璋が建国した漢人の明国を打ち破ったことから、満洲人の王朝である清に対する恨みもモンゴル人に向けられた感がある。

一方で、漢人には万里の長城の北に広がる無窮の土地への潜在的な渇望があることは先に触れたが、膨大な人口を抱えるようになった現代中国の「国土開拓」への渇望が、13世紀の恨みと結びつけられることが今後もないとはいえない。

さらには、日露戦争を機にモンゴル人と日本人が仲良くなったという歴史も、漢族からすれば腹の立つものであろう。

日露戦争時、日本軍の先導役を務めたのが満洲のモンゴル人であった。彼らは日本人の戦いぶりに感動し、多くの若者が日本、とりわけ陸軍士官学校に留学した。同時にモンゴル人は、軍隊や郵便、教育など日本の近代化された制度や仕組みを吸収していった。

この背景には、清朝末期の社会の激動があった。1912年1月1日に南京で孫文を臨時大統領として中華民国南京臨時政府が樹立され、清朝最後の皇帝・宣統帝は2月に正式退位して、清朝は完全に滅亡する。孫文も、続く袁世凱も漢人であることはいうまでもない。

早くから清朝の未来に見切りをつけていたモンゴル人が、清朝が崩壊すると中国全土が乱れることを予期し、その日に備えて日本から軍事を学んでおこうと考えるのは不思議ではない。1931年には満洲事変が勃発し、その後にモンゴル人が日本と協力して満洲国を建てた。

漢人、モンゴル人、そして日本との関係性はその後、ソ連も交えてますます複雑なものになるが、第二次世界大戦の終戦直前、ソ連とモンゴル人民共和国（北モンゴル）の連合軍が満蒙で日本軍と激突。モンゴル人同胞を解放した（日本人の支配下にあった南モンゴルの住民もモンゴル人民共和国との統一国家を望んだが、当時の国際情勢により、そうはならなかった！）。

そして日本が敗戦すると、漢人は「日本からの解放者」という虚構をもって、南モンゴル（1947年より内モンゴル自治政府とされる）に弾圧を始めた。日本式教育を受けたモンゴル人の知識層を「日本刀を吊るしたやつ

写真9　文化大革命中に吊るし上げられ、中国人から暴力を受けるモンゴル人。左は内モンゴル自治区衛生庁副庁長のイダガースレンで、右は公安庁のナムジャルスレン＝王再天。どちらも日本統治時代に育成された知識人。イダガースレンの場合だと、1947年から一族がほぼ全員中国共産党に処刑された。（著者所蔵）

ら」と呼んだのである。

彼らを粛清するため、1962年頃から、まずモンゴル騎馬軍が解散させられる。そして1966年の文化大革命から、先述したモンゴル人大量虐殺がはじまる。

目的は間違いなく過去の清算であり、「罪」は「チンギス・ハーンは漢族の中国に侵略した」「元朝が漢族を支配した」「満洲人の家来として漢族を抑圧した」「日本の侵略者と結託した」「祖国（漢族による中国）を裏切った」といった信じられないものだったのである。

■ウイグル人ジェノサイドと同化政策

続いて、世界が今も注視を続ける新疆ウイグル自治区でのウイグル人ジェノサイドについて見ていきたい。

ウイグル人に関しては、その異質さ、すなわち「われわれと心が異なる」異心論に基づく恐怖が大きな動機になっている。テュルク系民族のウイグル人は青い目で金髪の人が多く、漢人とは容貌がまるで異なる。その身体的特徴に対する恐怖が、ウイグル人に対する

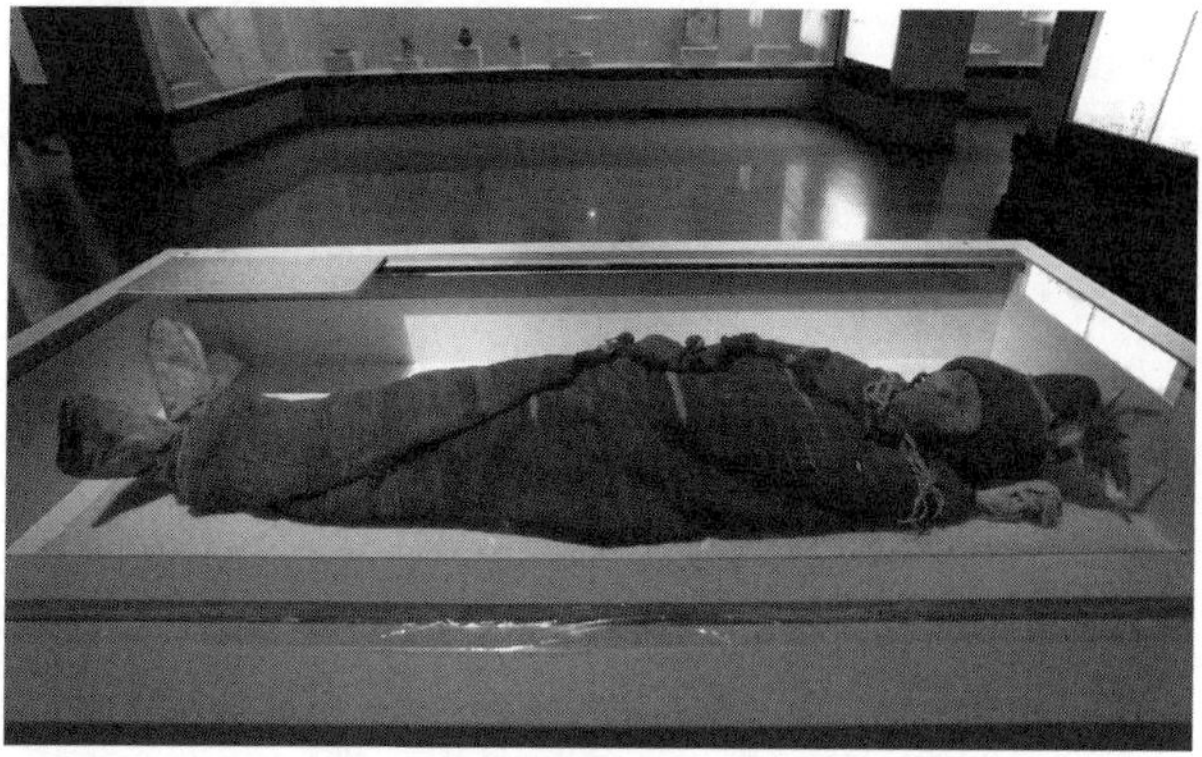

写真10　東トルキスタンこと新疆南部のタクラマカン沙漠から出土したミイラ。DNA考古学の解析により、西の黒海沿岸から移動してきた人々だと判明したにもかかわらず、中国はこの地を固有の領土だと弁じている。2013年春撮影。(著者所蔵)

異心論の基底をなしていると私は考える。

日本で1992年に開催された「楼蘭王国と悠久の美女展」において、タクラマカン沙漠から発見されたいわゆる「楼蘭の美女」のミイラが展示された。近年の年代測定技術の進歩により、このミイラは約3900年前、現在のウクライナあたりから東へ移動してきた集団に属する人であると判明している。

実は中国の各地から、紀元前の金髪碧眼のいわゆる白人系ミイラが多数出土している。この事実からもわかるように、かつてはユーラシア大陸の東西にかけて、インド・ヨーロッパ語族の大移動は当然のように行われていた。これは科学的にも証明されている。にもかかわらず中国は、「中国の地には、いまだかつて中国人しかいなかった」

と主張しようとしている（そして、中国人の祖先とされる黄帝も白人だったという神話を忘れているのだ！）。

それだけにとどまらず、中国人は北京原人の子孫であるという話も中国では定説となっている。

いうまでもなく、北京原人はジャワ原人と同じく太古の昔に絶滅した化石人類であり、これが非科学的な主張であることは間違いない。

そうした反知性的な言説が信じられている社会では、金髪碧眼で中国人とは異なった顔だちを持つ人間の異質性が際立ち、それゆえに憎しみも強まることは想像に難くない。

そうしてウイグルでは、１００万人単位のウイグル人男性が強制収容所に収容され、ウイグル人女性の家庭には漢族が親戚として住み込んで、子供を産ませているというような事態が生じたのである。これは、漢人の血をウイグル人の血と混ぜることにより、中国的色彩を強めようとする、人種差別、民族の絶滅を進める行為である。

これはいわば身体的同化といえる許し難きもので、弾圧や民族浄化などというよりも、血をもって物理的に同化させる、まさにジェノサイドとしかいいようがない（ジェノサイドというと大量殺戮と考える人もいるようだが、国際的にはもっと広い範囲を示すようになっていることも知ってほしい！）。

古代中国の歴史に目を向けても、唐朝の時代には、マニ教が皇帝にとって脅威になり得ると信徒たちが弾圧され、突厥とウイグルのところへ逃げて、やがて当時のウイグル（回鶻）帝国ではマニ教が支配的宗教となった。

その後、唐国で安禄山と史思明による「安史の乱」が起こる。安禄山、史思明の2人も実はペルシア系のソグド人とテュルク系の突厥の出自であるが、この2人が乱を起こしたとき、唐朝は鎮圧できず、モンゴル高原の盟主だったウイグル帝国に助けを求めた。するとウイグル帝国は、戦後のことを計算に入れたうえで唐朝支援のため軍隊を出し、安禄山と史思明を制圧。これにより唐朝も暫時の延命を得ることができた。

唐朝としては、危機を救ってくれたウイグル帝国に感謝の意を示さなければならない。そこで12歳にもなっていない王族の娘を和蕃公主（異民族との和親を目的に送られる王族・皇族の女性）として降嫁させたのだが、こうした歴史的事実を「弱かった過去」として隠したいと考えるのが中国である。

現在のウイグル人ジェノサイドの背景にも、身体的特徴に代表される異心論だけでなく、そうした歴史からくる感情が絡みつくのである。

古くから中国は、現在の東トルキスタン、新疆あたりを「西域」と呼ぶ。西域というのは東方の「中心」から見た方位名詞であり、固有名詞とは異なる性質を有する。日本にも「東北地方」という呼び名があるが、これも方位名詞であって、東北の人たちは本来的には喜ばないものだったはずだ。

「西域」も方位名詞であるからこそ、本来の固有名詞が存在する。新疆の場合、モンゴル帝国以降は「モグリスタン」という名だった。モグリスタンとはモンゴル人の土地であり、イスラム化したモンゴル人が暮らしていた。そのペルシア語での呼び名がモグリスタンである。

その後は、モンゴル人がまた別の国をこの地につくる。それがジュンガル・ハーン国だ。ジュンガル・ハーン国は18世紀半ばまで続いたものの、1758年に清の乾隆帝《けんりゅうてい》に滅ぼされた。

乾隆帝は満洲人の皇帝だが、先に同盟を組んだ内モンゴル人を連れ、征服した中国人商人を従軍させて、延々と南中国から食料と武器を運ばせた。つまり、一種の軍事産業化を実現したわけである。これでは草原部の遊牧民のモンゴル人は勝つことができず、東部が清朝に併合されて、翌年、新しい土地を意味する「新疆」という名称が初めて使われることなる。

乾隆帝は漢人の大臣の話を聞いて、新疆に住む人々に儒教と漢字を強制し、漢人の移住も推進するが、まもなく失敗した。ただ、満洲人のこの皇帝は、失敗と判明した段階でこうした政策をすぐに取りやめた。現在の漢族の中国とは異なるこの乾隆帝の政策を、私は評価している。

■ウイグル人とロシアと中国と

話を戻すと、清朝の勢力はその後衰え、1857年に西域（新疆）の人たちはテュルク系民族だということで清朝からの独立を主張し、蜂起するようになる。

当時、ロシアが中央アジア全域を征服しており、現地のテュルク系諸民族としては清朝を離れ、近代化が進んだロシアに接近することを望んでいた。清朝もこの事態に気づき、1884年、地域を省に格上げして「新疆省」を設置。ここから多数の漢人が新疆に入ってきた。

そして清朝が1912年に崩壊すると、漢人の軍閥が現地を完全に牛耳るようになる。

これに対してウイグル人は、20世紀前半の2度にわたって東トルキスタン共和国を樹立し、抵抗した。しかし1949年、ソ連のスターリンがこの地域を中国に引き渡す。

現在の内モンゴル自治区にも、日本軍が撤退した後、1945年8月11日にソ連とモンゴル人民共和国の連合軍が進駐してきた。短いあいだではあるが、民族の統一は実現されていた。モンゴル人民共和国からの各種委員会は内モンゴルの同胞たちに国家建設のノウハウを教え、ともに幸せな時間を過ごしていた。ところが9月に入り、モンゴル軍が突然撤退。これもスターリンが内モンゴルを中国に渡すことを決め、密約を交わしていたからである。

スターリンはモンゴルと新疆の諸民族を騙していたことになる。

モンゴルの指導者たちはもともと、少なくとも新疆北部のウイグル人とカザフ人、それにモンゴル人が暮らす地域をもモンゴル人民共和国の一部として独立させようと連携しあっていた。当然、新疆北部の諸民族も賛同していた。しかし、すべてはソ連の意向、スターリンの意向で頓挫した。

モンゴル人は抵抗したものの、スターリンにモンゴル人民共和国も含めて中国に渡すと脅されたことから、諦めたという経緯がある。

写真11　東トルキスタン西部のカシュガル市に立てられたプロパガンダ看板。ウイグル人に対し、中国を「祖国」と見なし、中国人との「団結」を呼びかけている。中国がいう「民族団結」とは、無条件で中国人の命令にしたがうことを意味する。それは、「日中友好」とは、無条件で中国の指示に従順でなければならないことを指すのと同じ。2013年春撮影。（著者所蔵）

新疆も、まさに同じ目に遭った。新疆は漢人軍閥が一応牛耳っていたものの、圧倒的に数が多いのはテュルク系のウイグル人で、彼らは当時、中国ではなくソ連に入りたいと考えていた。ところがスターリンが、強制的に中国編入を決定してしまう。

スターリンが新疆と内モンゴルを中国に渡そうと決めた理由は、実はわかっていないが、おそらくはヤルタ協定における密約であろう。つまり北方四島と似た状況といえる。ウイグル人もモンゴル人も日本人も、それを知らなかっただけ、ということだ。

この１９４９年時点で新疆にいた漢族は28万人。それが現在はもう１０００万人を超えている。中国は漢族を強制移住させ、ロプノールに核実験場もつくり、1964年10月、東京オリンピックの開催中に核実験を実施した。

加えて、新疆生産建設兵団と呼ばれる移民屯田兵を差し向け、新疆のオアシス都市を含む重要拠点をすべて占拠。イスラム教信仰も弾圧していく。さらに現在では、先述のような、実に恐ろしいジェノサイド政策を粛々と進めている。

しかしながら中国側からすると、「心が異なる」連中を中華化するうえで必要な政策だということになるのだから、対話も成立しようがないのである。

■中国の宗教敵視とチベット仏教への弾圧

チベットに関しても同様に、漢族は負け惜しみの感情を抱く歴史がある。

唐朝の時代、チベットを支配していた吐蕃《とばん》が軍事的に強く、漢族は敵わなかった。有史以来、唐朝の時代まで、西になかなか拡張できないなか、吐蕃は西安まで何度も攻めてきた。そこで唐朝は、ウイグルに対して行なったのと同じように、皇女の文成公主《ぶんせいこうしゅ》を吐蕃の王ソンツェン・ガンポに降嫁させた。和蕃公主と呼ばれる貢女である。

中国にいわせると「皇帝の娘をもらったのだから、吐蕃はわが国の領土だ」ということになる。

その唐朝の考え方に対し、チベット人はきっと「文成公主は王の第二夫人であり、第一夫人はネパール王家の娘だ、それならばチベットはネパールの一部か」と反論したにちがいない。

元朝の時代を迎えると、モンゴル人が初めてチベット仏教と出合い、チベットの高僧パクパが元の初代皇帝フビライにより国師に、さらに帝師に任ぜられる。

写真12　チベット高原東部のギョク・ノール（青海省）西部に建てられた文成公主の婚出を記念した中国のプロパガンダ石碑。中華文明を未開の地に伝えた、と完全に事実に反する内容が記されている。2010年夏撮影。（著者所蔵）

そこで清朝は、元朝よりも高度なチベット政策を考案することになる。ダライ・ラマ法王とパンチェン・ラマを帝師にするだけでなく、満洲人はマンジュすなわち文殊菩薩の生まれ変わりだから、帝師であるダライ・ラマ、パンチェン・ラマの守護神であるという接し方だ。

清朝の歴代皇帝は、ユーラシアの遊牧民に対してはハーンと自称している。そしてチベットに対しては「私は菩薩の化身であり、護法王としてチベットの人々の上にいる」という立場を取ったわけだ。つまり清朝皇帝は、中国本土では皇帝、モンゴルと東トルキスタンの遊牧民にはハーン、さらにチベットにとっては菩薩の化身、護法王という3つの顔を持っていたことになる（杉山清彦著『大清帝国の形成と八旗制』ほか参照）。

清朝の皇帝が菩薩の化身と称したことがあるとはいえ、チベットと清朝は基本的には友好関係を保ってきた。

その関係が中華民国以降、とりわけ中華人民共和国になると「宗教は中国の政治や中国の支配者にとって邪悪なもの、邪教である」という位置づけに大きく変わってしまう。そこから、チベット仏教への徹底的な弾圧がはじまったのである。

■宗教による国内の混乱の歴史

なぜ宗教を、すぐさま邪教と見なすようになったのか。それは中国の各王朝が対峙した長い歴史を俯瞰すると見えてくる。

漢王朝の末期、五斗米道《ごとべいどう》という道教系の宗教が現れて社会の混乱を招いた。さらに時代が下り、南宋では東晋の時代に起源を持つ仏教系の白蓮教が登場する。この白蓮教は一種のメシア思想だが、中国の歴史上、秘密結社として長く存在しつづけることになる。

今、中国共産党は法輪功の修練者を迫害しているが、この法輪功も基本的には白蓮教系である。

白蓮教の登場以降、中国の王朝は幾度となく白蓮教徒に脅かされている。支配者たちは白蓮教の存在に自然と神経質になっていく。

現代の中国共産党も、宗教と聞くとまず白蓮教を連想し、地下に潜伏した邪教集団がいつ蜂起するかと不安を抱くようになった。実際に1999年の江沢民政権時代、北京の中南海を万単位の法輪功修練者が包囲するという法輪功事件が発生。度肝を抜かれた江沢民は法輪功を徹底的に弾圧したのである。

そして、現代にみるこの宗教が絡んだ侵略行動は、第二次世界大戦後の1950年代から始まるものである。

たとえば、チベットのダライ・ラマ法王14世は1959年にインドへ亡命したが、実はダライ・ラマ14世を追い詰めるために動員されたのは、内モンゴルの「日本刀を吊るした」モンゴル軍だった。これは要するに「夷を以て夷を制す」作戦である。

モンゴル人は、自分たちもチベット仏教信者であるにもかかわらず、この一件でチベット人との間にわだかまりが生じてしまった（拙著『チベットに舞う日本刀』を参照）。

そして、ダライ・ラマ14世の亡命後もチベットに残ったパンチェン・ラマ10世は、1989年に急死している。

チベット人とチベット仏教のために留まったパンチェン・ラマ10世だったが、文化大革命では毛沢東からさんざん批判を受けて獄中生活を送り、暴力を振るわれたのはもちろん、人糞を食わされるといった過酷な処遇を受けたという。あるいは戒律を破って漢人の女性と結婚させられ、子供まで生まれた。漢族との子をもうけさせたのは、いうまでもなくパンチェン・ラマの威信を貶めるためだ。

しかし彼はそうした処遇に「すべては仏が与えてくれた試練」と耐えたという。チベットに戻って、破壊された寺の再建儀式なども執り行なったのだが、中国政府に対する批判のトーンを強めた直後の1989年に急逝した。本人が書き残したところによると、チベットにはかつて5万を超える寺があったにもかかわらず、中国により破壊し尽くされ、当

写真13　文成公主の婚出碑のある峠にはチベットと中国をそれぞれ象徴する仏塔と中国風の亭閣が表現されている。2010年夏撮影。（著者所蔵）

時は2、3しか残っていなかったという。

壊された寺々を建て直すために努力し、ある日突然死んでしまう。死因は明らかになっていないものの、暗殺の可能性は捨てきれない。

宗教は国を揺るがす邪教であるとみる中国政府は、パンチェン・ラマ10世の生まれ変わり、すなわちパンチェン・ラマ11世を見つけるつもりはなかった。ところが1995年、ダライ・ラマ14世が、ある少年をパンチェン・ラマ11世と公認したため、中国は独自に別の少年をパンチェン・ラマ11世として立てた。

その〝中国製〟パンチェン・ラマは、チベットでは偽物だと見られている。ちなみにダライ・ラマ14世が公認した少年はその数日後に行方不明となり、30年近く経った現在も消息はわからないままだ。

ダライ・ラマ14世も、すでに90歳近くになっている。彼の動向は中国とチベットの関係において火種となる危険性が高く、次の転生者認定をめぐってさらに大きな動きが起きてしまうのかもしれない。

■対南方諸民族弾圧と香港の問題

中国の南方にも数多くのエスニック・グループが存在している。I部の呉鋭教授の話にあったように、中国はそうした無数の少数民族を、すべて「漢族」としてまとめてしまった。それこそが、日本人もよく聞く「中華民族」である。

なぜひとまとめにしたのかといえば、小さな民族集団が多すぎる南方を管理するのは難しいという支配者目線に加え、すべてをまとめることで漢族を大きくできるという、一石二鳥を狙ったからであろう。

南方のベトナム系・タイ系諸民族は、漢の時代から「百越」と呼ばれてきた集団だ。漢族のなかには、その百越に対する蔑視感情が古くから存在する。さらには海岸部の水上生活者、山奥で暮らす山地民に対する蔑視もある。

そうした感情に加えて、勢力の大きなモンゴルやウイグルと異なり南方の少数民族は文字通り少数で、漢族に対抗できる軍事力も有していないことから、中国政府もこうした傲慢な政策を取りやすいのかもしれない。

とはいえ、それが当事者にとって耐え難い政策であることはいうまでもない。それぞれ規模が小さな民族とはいえ、現代の中国が出来上がるまでには、さまざまな衝突が起こっている。

たとえば、中華人民共和国の歴史からは隠蔽されているものの、毛沢東の人民解放軍で頻繁に発生していた内紛は、実はほとんどがエスニック・グループ同士の対立であった。毛沢東が行なってきた敵対勢力の粛清も、先述の客家と漢族あるいは他のエスニック・グループとの対立を原因とするものが多かった（藤野彰著『客家と毛沢東革命』）。

対立に敗れた人たちは、中華人民共和国の成立と時を同じくして香港へ逃げていった。それゆえに香港は、敗れたエスニック・グループの避難地、吹きだまりの様相を呈した。

その香港を英国がアヘン戦争以降、緩やかに英国風の植民地としていったことで、香港人も中国人意識を持たずに過ごしてきた。

写真14　香港の骨董街で売られていた毛沢東グッズ。文化大革命関連の革命的骨董品や中国本土で禁止されていた文書とポスターが手に入る場所だったが、近年では次第に衰退に追い込まれていった。2008年春撮影。(著者所蔵)

にもかかわらず中国は、香港を中華化（中国化）しようと企み、介入を行う。その実例が、文化大革命中の１９６７年、中国共産党員が香港に入って香港政府に対する蜂起を先導した「香港動乱」（六七暴動）である。

このとき北京では、紅衛兵たちが香港動乱を応援するためイギリスの駐在連絡事務所に火を放った。当時の中国はイギリスと国交を結んでおらず、大使館はなかったため、この事務所焼き討ちは大使館焼き討ちに等しい暴挙だった。

香港動乱から見えるのは、中国から見た香港はイギリス化した野蛮人の土地であり、その香港に住む人は中国人意識を叩き込むべき、すなわち中華化を行うべき対象だったということだ。

それが英国から返還された現在も続き、中国は香港において内モンゴルやウイグル、チベットと同じく中華民族意識の醸成を強制している。すると香港の知識人が反発し、2014年の「雨傘運動」に代表される活動が生まれ、「香港民族」という概念すらつくり出して抵抗する。そのため、反体制活動を禁止する国家安全法が2020年に成立・導入されたのである。

■台湾の「高山族」へのアプローチと中国の言い分

そして今、侵攻の可能性を含めてにわかに注目度が高まっているのが台湾だ。

台湾に関しては、中国はいまだに台湾原住民の存在を認めないで、ひたすら「高山族」と一方的に呼んでいる。高山族とは、日本統治時代に日本が使っていた「高砂族」という表現を中国が踏襲したものである。当人たちは、高山族という呼称を忌み嫌っているにもかかわらず。

中国は今でも「原住民」という言葉を忌み嫌う。それはなぜかといえば、原住民を認めると、漢族が存在しなくなってしまうからだ。

中国人は万里の長城の南側の中原を漢族の故地だと考えているが、ではその漢族がいつ、どこで、どのように成立したのかについて問い詰められると怪しくなってしまうことを彼ら自身もわかっている。

ましてや、万里の長城の北側の満洲やモンゴル、さらに東トルキスタン・新疆となれば、これは間違いなく漢族が原住民の土地ではない。そうした事情が、中国で原住民や先住民という言葉自体をタブー視させているのだろう。

国連が先住民の権益を守るキャンペーンを始めたときも、中国は反対した。台湾に関しては、台湾の左派的な知識人を北京に受け入れ、亡命政権として位置づけている。

しかしよく知られているように、清朝後期の政治家、李鴻章《りこうしょう》は日清戦争の講和条約である下関条約の締結に際し、台湾を「化外の地」だとして日本に割譲した。化外の地とは、つまり中華文明の外の土地ということで、李鴻章は「意味のない土地」であると表明したに等しい。

ところが中国は今、台湾を「祖国の宝島」だと言っている。

台湾はやはり日本とは古いつながりがあり、大航海時代にはポルトガル人やスペイン人に〝発見〟され、ヨーロッパではフォルモサ（麗しき島）として知られている。このように、台湾の存在は中国史の一部としてではなく、世界史のなかに位置づけられている。

戦後に中華民国の蔣介石政権が亡命政権として台湾に入る際、200万人程度の漢人が大陸から渡ってきたとはいえ、そもそも「化外の地」と捉えていたところを突然、中国のものだと主張するのはやはり無理があると私は考える。

台湾はアジアで最も民主化した国、日本よりも民主化が進んだ国であると国際社会では見られている。それは日本経由で近代文明、近代ヒューマニズムの思想が定着しているからだといえる。

明治以降、近代化が定着したもののそれ自体が重い鎧となり、制度改革がなかなか進まない日本と比べ、台湾は身軽で、かつ多様性もある。その多様性は、漢人200万人がやってきたからというだけではなく、先住民が数十万人おり、さらに近年は東南アジアからの外国人配偶者が100万人近くになった。今や台湾の先住民より、東南アジアからやってきた人のほうが多いことになる。

先述のように中国はウイグルに漢族の血を注入する、前近代的な絶滅政策を取っているが、そういった血脈の点から考えても、台湾の「血」はもはや中華民族のそれとはいえないのが実情である（それゆえ、地理的にも、歴史的にも、血の上でも、「台湾は中国である」という言い分はもはや通用しない！）。

結び　民族、族群、そして中華民族における定義づけの違和感

これまで見てきたように、台湾を中華民族とするのはどだい無理な話だが、かつて中国は「56の民族がいる」と表明していた。ところが最近の中国は、「民族」という言葉を用いない状況に変わっている。その代わりとして使うようになったのが「族群」という言葉だ。

「民族」は、英語でいえばネーションNation、あるいはナショナルNational。対して「族群」は、エスニック・グループEthnic groupという言葉に当たる。中国では今、モンゴルもチベットもウイグルも、「民族」ではなく「族群」として扱われている。

1990年代までは「民族」で、それぞれモンゴル・ネーション、チベット・ネーション、ウイグル・ネーションと呼ばれていた。ところが1990年代後半から、中国はなぜか公にその言葉を使わないようになった。しかもこの重要な変更を大々的に発表することなく、文書ひとつ出さずに、ある日突然静かに変えたのである。

そして代わりに、エスニック・モンゴルと呼ぶようになった。英語の新聞で初めてその

表現を見た私は、正直唖然としてしまった。

もともとネーション、ナショナルという言葉は、マルクス・レーニン主義の視点から見ると、ネーション・ステートすなわち国民国家を生来的につくる権利を持つ集団と考えられる。

中国はマルクス・レーニン主義を標榜していたため、モンゴル・ネーションやウイグル・ネーションという言葉を使うなら、モンゴル人やウイグル人に国民国家をつくる権利があることになってしまう。他民族にも国家建立の権利があることを示してしまうと、マルクス・レーニン主義の「危険性」に中国は気づいたのである。そこでエスニック・モンゴル、エスニック・ウイグルという形に、ある日突然変えたのであろう。

おもしろいことに、実は中国は、1990年代半ばまでエスニックという言葉を忌み嫌っていた。なぜかといえば、エスニック、エスニシティという言葉はアメリカの人類学者が最初に用いるようになったものだからだ。アメリカには多種多様な「人種」が暮らしているため、そもそもネーションやナショナルという言葉を使わず、エスニック・グループとして分類していた。もっとも、厳密な意味で、「人種」は存在しない。ヒトは皆、ひとつの「種」に属するものだからである（中国人すなわち漢族だけは「北京原人の子孫」で、別「人種」だと彼らは弁じているが！）。

肌の色のちがいなど身体的な特徴はすべて、それぞれ異なる自然環境への適応の結果にすぎない。みずからを「黄色人種」の代表とみなす中国が、アメリカ帝国主義のこの用語を使用しない立場をとるのは自然なことだった。

ところがアメリカ帝国主義の理論より、マルクス・レーニン主義のネーション、ナショナルの概念のほうが中国にとってより危険であることにどこかで気づいたのだろう。

中国にはネーションすなわち民族は中華民族しか存在せず、それ以外はすべてエスニックであるという公式見解にたどり着く。そしてそうなると、モンゴル人はチャイニーズでないにもかかわらず、中国に暮らす民族だからチャイニーズ・ネーションとなる（この矛盾を今、押し通そうとしているのだ！）。

さらにいうなら、この中華民族という概念を使い始めたのはごく最近で、1989年春のことである。中国のある政府寄りの文化人類学者で、何回も変節を繰り返した費孝通《ひこうつう》という男が香港で開催した講演会で、いきなり「香港人のみなさん、あなたたちも中華民族だ」と発言したのである。当時、香港はまだ中国に返還されておらず、香港人は自分たちを英国人だと考えていたにもかかわらず、である。

その中国の高名な御用人類学者が「英国人ではなく中華民族だ」と言い放った直後、北京で天安門事件が発生（１９８９年６月４日）。学生たちが殺されている光景を目にした香港人たちは、自分たちはやはり中華民族ではないと強く思うようになる。

いずれにせよ、中国側が使う中華民族という言葉は、そもそもモンゴル人やウイグル人、チベット人に対して用意した概念ではなく、祖国に復帰させる香港人のために用意した政治的概念にすぎなかった。

ところが、香港人たちが中華民族であるのは嫌だと表明すると、今度はこの言葉は、香港人だけでなくモンゴル人、ウイグル人、チベット人、さらには台湾人も含め、すべてを対象とする概念へと変質することになる。そしてモンゴル人やウイグル人といった中国国内の漢族以外の人たちに、エスニックという言葉が用意されたのである。

エスニック・モンゴルを日本語にするなら「モンゴル族」となるが、私の考えでは、その表記を使うことは中国の主張を認めたことになる。問題は、日本のどの新聞も、中国のモンゴル人やウイグル人のことを「モンゴル族」「ウイグル族」と表記することだ。

これは日中記者交換協定を遵守するため、言い換えれば、日本のメディアが中国に記者を駐在させるために導入した表現といえる。なぜなら、中国の意に反する記事を書くと、中国に記者を送れなくなるからだ。そのため、「モンゴル人」ではなく必ず「モンゴル族」と書く。

モンゴル人は中国で跨境《こきょう》民族、つまり国境を跨《また》いで暮らす民族だと捉えられている。要するにモンゴル人は中国にも、ロシアにも、もちろんモンゴル国にもいる世界的な民族であるから、やはり「モンゴル人」が正しいのであり、「モンゴル族」（エスニック・モンゴル）という政治的で、中国政府寄りの言葉にはどうしても違和感を覚えざるを得ない。

とはいえ、私がこういうことを主張すると、中国当局に狙われることになる。実際、静岡大学の私の研究室の近くでも怪しい人間の姿を見かけることがあるほか、根も葉もない嘘を書き連ねた怪文書をまかれた経験もある。それほど、中国は民族問題について研究する研究者の発言に神経をとがらせている。

しかし、日本国内の大学も政府も無防備であるがゆえに、中国政府の関係者が傍若無人に日本の内政に干渉しているのが現状である。

誹謗中傷ではなく、妥当な批判をする場合でも、日本にいるからといって決して安全ではない。ネット社会の深化により、それは私だけのことではなくなり、日本人や日本企業で働くごく一般の人々にも起こり得る現実になってきたことを想定する必要のある時代になっている。

　このII部冒頭で触れたように、中国は身近な存在であり、遠い存在であり、その背後に中国という国家的な存在が見え隠れする場合には、より遠くてしかも危険な存在になる。遅ればせながらも成立した経済安全保障推進法により、中国に対する日本人の意識変革の高まりにつながることを、帰化した一日本人として願うばかりである。

III
部

中国の本質を見破る視点③

「対外拡張」の歴史と現在

毛沢東がかつて割拠していた地を「革命の聖地」と位置づける中国。その「聖地」を訪れる外国人たち。左端は朝鮮人で、麦わら帽子を持つのは中国人。カメラをぶら下げているのは日本人(連合赤軍か、左翼学生だろうか?)。農村から都市を包囲するという革命思想と武器弾薬を中国は継続的に世界各国の左翼ゲリラや過激派に輸出し、他国の内政に干渉してきた。(著者所蔵)

1　近現代の軍事・外交にみられる中国の本質

■空母「福建」、反日デモ、パンダ外交……

「福建」という名を聞くと、少しでも中国を知る日本人は「福建省」を思い出すだろう。この艦名は今、「遼寧」「山東」に続く、中国の3隻目の空母の名称になっている。「遼寧」「山東」に比べて性能面ではるかに上回ることも知られており、中国人民解放軍海軍が2024年5月に公開したその初の試験航海の様子を映像で見て、危機感を覚えた日本人はどのぐらいいただろうか。

台湾海峡は近年、米中対立の場である。そして台湾の対岸に位置する大陸の地域こそ、福建省である。その名を冠した母艦が、近々正式に就役する可能性が高まったことが意味するものはこれから事実となってあらわれてくる。米中間の緊張が静かに高まっていることを多くの日本人が見過ごしているのは残念なことである。

国際社会において、経済成長を遂げるまでのかつての中国は、日本にもビジネスの面での支援を大いに必要とした。

中国近代化のために現地での技術提供に励む日本企業への感謝の言葉として、「井戸を掘った人を忘れない」という古い中国の諺も聞こえてきた時期があったが、それも、国政の動静によりどうにでも変わる。反日デモが起これば、恩義ある企業の工場へも破壊行動にでる。その背後にあるのは当局の管理であり、政治である。

少し遡って、アメリカとの外交で活用されたパンダ外交は、日中戦争期の国民党政権によるものだったが、その外交カードとしての効用を知った共産党政権も継承した（詳細は後述する）。家永三郎の孫にあたる真幸氏の『中国パンダ外交史』のような冷静な分析もあるが、ワシントン条約により、贈与でなく貸与のものへと変わっていくなかでも、政治・外交的に中国に利用されているパンダは私にとっては、少々可哀想な生き物でしかない。

それを一部の日本人が可愛いと感じることを決して否定するつもりはないが、同時にその容貌にカモフラージュされた獣の眼の怖さと同様に、中国の歴史の書き換えにみられる本質を感じとるべきだと思うのである。そしてその警戒すべき本質を見極めるための3つの視点こそが、これから言及する「対外拡張」という漢族の民族的性質である。

■伝統的な「王土」観と近代中国の領土意識

歴史的に見ると、中国は基本的に「王土」観を持つ国だといえる。王土とはつまり、中津国という概念の上に成り立つもので、城壁に囲まれた都市国家、よりわかりやすくいえば、「万里の長城に囲まれた国」ということになる。

その領域は、ここまで見てきたように、時代時代の国力に応じて伸縮自在である。とはいえ、漢族による中国の支配エリアが近代までに万里の長城を越えたことはない。その意味では、万里の長城によって北限を決められた国、長城の南側にある国というのが、中国人にとっての王土観ともいえよう。

ただ、その軍事力の差以前に、おそらく古代中国は、北へはそれ以上行くつもりはないという最北端の位置に、万里の長城を築いたのだとも考えられる。

これはあくまで結果論だが、北京の北にある八達嶺《はったつれい》と西の端のステップ地帯にある嘉峪《かよく》関《かん》の両地点を結ぶ長城の北と南で、霜が降りる季節が異なる。近年、気候考古学や気候歴史学といった見方が日本でも注目されているが、いうまでもなく、中国各王朝の歴史においても気候は多大な影響をもたらしてきた。

当時の漢人が気候を現在の気象学的に考えたはずはなく、漢人は八達嶺あたりの尾根を越えて北に入ると農耕が難しいことを経験として知っていたために、その最北端に万里の長城を築いたと考えることもできるだろう。

ところが近代に入り、清朝の後半になると、領土意識が変質する。西からはロシアが中央アジア諸ハーン国や遊牧民政権を併合しながら陸上を攻めてくる。そしてイリ川の近く、いわゆる東トルキスタン、新疆西部に到達する。

一方、海上からは西洋列強がやってくる。清朝はもともと遊牧狩猟民族の満洲人が築いた陸上国家であり、明代の海禁（鎖国）政策を受け継いでいたこともあって、海に対しては無策だった。そこにおそらくユーラシア国家としての限界があり、それが近代化に乗り遅れた原因でもあると私は考える。

同様に、中央アジアの遊牧民諸ハーン国やオアシスがロシアに征服されたのも、モンゴル人やテュルク人も満洲人と同じく遊牧民だったからであろう。

ともかくロシアや西洋列強からの侵攻に臨んで、清朝では海防と陸防の議論が行われるようになる。すなわち、海上の防衛が大事か、陸上が大事かという議論である。そして議論の結果として、陸防派が優勢となった。湖南省出身の漢人軍閥で、太平天国の乱を鎮圧した左宗棠《さそうとう》が中心的人物の一人だった。

清朝はこの左宗棠のような漢人提案を受け入れ、新疆に省制度を導入し、新疆省を設置する。これで新疆は制度的には他の省と同じ扱いになった。ただ、それにとどまらず、対ロシアの観点で新疆に住むテュルク系のウイグル人は信頼できないとの思いから、湖南人を大量に進出させ、ロシアのそれ以上の東進を防ぐ政策を実施しようとした。

さらには、その動きと併せてイスラム教徒のウイグル人に儒教に従うことを強制する。

要するにそれは、習近平政権が進めているのと同様の政策なのだが、現在と異なるのは、当時のウイグル人が軍事的にも強かったことだ。

彼らはイスラム教を信仰しており、漢文化と儒教の受容に猛反対する。そこで清朝は、現代の習近平と異なり、漢化・同化政策を放棄したのだが、いずれにせよ陸防派優勢のなか、最大の敵国をロシアと定めたことで、海防派は弱体し、海軍の予算も減らされていく。海防派の代表格の一人は李鴻章だが、彼の力もこの一時期に弱くなっていく。

写真15　東トルキスタンこと新疆ウイグル自治区の最西端のカシュガル市に立つ毛沢東像。文化大革命後に中国内地にあった毛沢東像は大半が撤去されたが、東トルキスタンでは中国による侵略と占拠のシンボルとなっている。毛沢東も左宗棠と同じく湖南人。2013年春撮影。（著者所蔵）

清朝海軍は、「鎮遠」「定遠」という2隻のドイツ製最新鋭軍艦を擁していた。この2隻は当時、東アジア最強の軍艦と呼ばれていた。ちなみに鎮遠という名称は「遠方を鎮める」で、定遠は「遠方を定める」である。

2隻の軍艦の名はまさに中華思想の発想に由来するものである。満洲人の王朝である清朝が、少しずつ中国化していったことを象徴するものであり、中国の歴代政権と変わらないままでの政治的変質をしてしまった、そのあらわれともいえよう（中国化したがゆえに、滅亡もまた、時間の問題となったのだ！）。

この2隻が明治時代に親交の一環として長崎へやってきたことがある。有名な話だが、そのとき停泊中の両艦に日本側が親睦として乗船したところ、艦内があまりに汚かったため、これではいざという時すぐに砲弾を撃つことはできないと考えたという。そして結果として、その後の日清戦争では日本が大勝することになる。

鎮遠、定遠は今でいうと、先述の遼寧、山東のようなものだろう。艦内での人民解放軍の水兵たちの暮らしが清の時代と大して変わらないようなら、日本も国防上、心配する必要もないのだろうが、はたしてどうだろうか。

■日本に学んでいた清朝は歴史的に例外の時代

それでも、清朝の歴史には、例外的に、漢人にみる負け惜しみの思想にとらわれない傾向がみられる。

日清戦争の敗北後、日本に学ぶ姿勢へと転換したときのエピソードは先に触れたが、そのときに日本に学ぼうと考えたのは、西洋から直接学ぶより、漢字を使う日本から学んだほうがてっとり早いとの考えもあったからだろう。

ただ私は、清朝は満洲人が皇帝であったこと、そしてその満洲人が多数の漢人を支配し

た王朝であったこ

相手が強いのな

持つものだからだ

清朝は、数多くの……そらくこのときの王朝が

漢人のものであった……た。清朝時代の留学生の姿勢は、近年

の日本への中国人留学……も違ったものであっただろう。

ただその一方で、陸上では失った領土への執着、いや幻想（妄想といってもいい！）が醸成されはじめる。西はバルハシ湖までが清朝のものだったという主張のもとに、である。

バルハシ湖は現在のカザフスタンにある湖で、1881年に清とロシアが国境問題を解決するために結んだイリ条約により、清が「失った」と考えた。

「失った」根拠は何かといえば、この地に18世紀まで存在していたモンゴル人のジュンガル・ハーン国を清最盛期の乾隆帝が征服したからで、「モンゴル人は中国の少数民族」だから、ジュンガル・ハーン国の国土もわが国の領土だという論理である。

バルハシ湖の近くには、モンゴル人による18世紀以前の遺跡が数多く残っている。近住民たちが清朝に朝貢していたからだという。

近年、中国人がカザフスタンを訪れ、その遺跡を見て「わが国の領土だ」と唱えるのを見て、カザフスタン人は「なぜそんな発想をするのだろう」と皆驚いている。

それをいうならカザフ人もチンギス・ハーンの子孫であるから「ヨーロッパまで全部わ

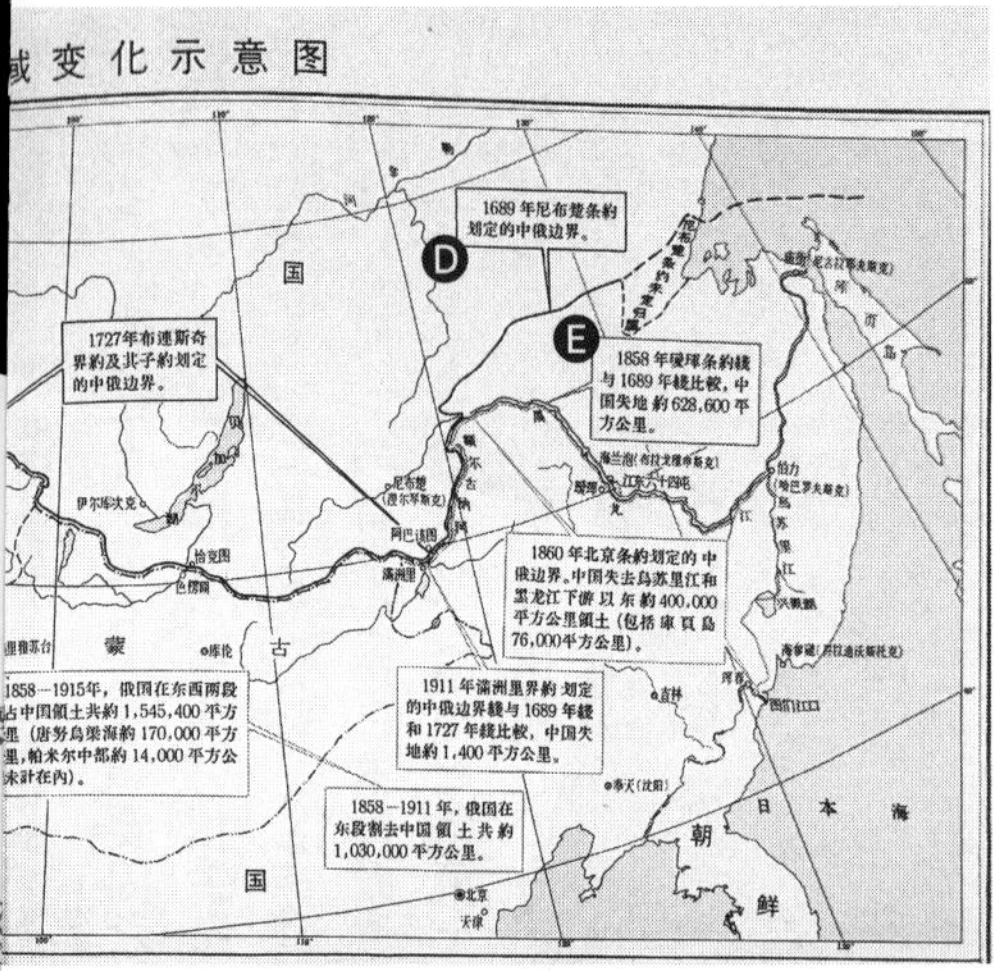

地図２　中国が夢想する過去の広大な領土。清朝時代に西洋列強によって奪われた領土と主張するが、根拠はその地の遊牧民が朝貢に来ていたこと。この地図は中国人民解放軍総参謀部が1965年10月に作成したもので、将来は取り戻すとその野望を包み隠さずに明記している。（著者所蔵）
なお、地図上のＡ～Ｅについては、著者（楊海英）が付記、以下に翻訳した。

Ⓐ清朝の勢力が最盛期に達していた時の範囲はアラル海（咸海）の西に位置するバダフシャン山とコーカンド・ハーン国、ブハラ・アミル国、外カザフの地に達し、その住民とも関係していた。

Ⓑ1860年の露清条約以前の中国の西北国境はバルハシ湖の西にあった。

Ⓒ1860年の露清条約等により、中国は44万4400平方キロメートルの領土を失った。

Ⓓ1689年のネルチンスク条約で確定された中国とロシアとの国境。

Ⓔ1858年のアイグン条約により、中国は62万8600平方キロメートルの領土を失った。それにはサハリン（庫頁島）とハバロフスク（伯力）、ウラディオストク（海参崴）も含まれる。このように、清朝と中国という言葉を意図的に併用することで、中国の領土だった範囲が強調されている。

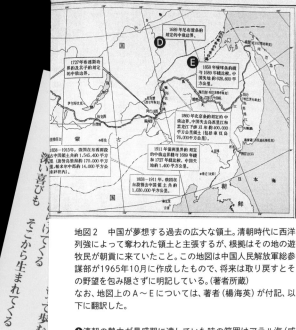

れわれの土地といえるのか」と言いたくもなるからだ。

北への執着、幻想はバイカル湖にまで及んだようだ。

バイカル湖は世界で最も深い湖で、いうまでもなくロシアの領土内にあるが、ここはロシア連邦のなかでもブリヤート共和国となっている。

この国土に「中国の少数民族」であるブリヤート・モンゴル人が住んでいるために、同じ論理で中国の領土だと主張している。

さらには、そのブリヤート・モンゴル人が暮らすシベリアまですべてわが国のものだという論理を唱える場合もある（もはや屁理屈ではないか！）。

東は、サハリン、ウラジオストクである。これらがわが国の領土だと主張する根拠は、住民たちが清朝に朝貢していたからだという。

もしも領土の根拠に朝貢を持ち出すならば、朝鮮半島や琉球、さらにベトナム（越南）、ビルマ、タイのシャン族系諸王朝、そしてネパール、ブータン、カシミールの酋長国なども朝貢していた歴史があるから、それらすべても中国の領土ということになってしまう。

事実、中国はこれらの国々や地域とも、領土問題を抱えている。

ネパールやブータン、とりわけ今はブータンが危ないのではないか。すでに中国が入り込み、気がつけば巨大な団地が出来上がっているからだ。

日本では「幸福の国ブータン」として憧れる人も多いが、そのブータンが今、かつて朝貢していたことを理由に、危機に直面している。

こうして中国の歴史を見てくると、中国が領土への執着と幻想を抱く根拠としては二つのパターンが挙げられる。

ひとつは、カザフスタンやシベリアのように、「中国の少数民族（とされるモンゴル人）がいるからわが国のものだ」という主張である。中国の内モンゴル自治区も同じ論理だ。もちろん、繰り返すが、モンゴル人は中国の少数民族ではなく、ユーラシア世界に広く暮らす民族である。

そしてもうひとつが、朝貢していたかどうか、ということ。この朝貢を主権に置き換える手口については、以降も細かく見ていく。

なお、陸上に関してはこのように多くの領土幻想を抱いてきた一方で、基本的に海には無関心だった。

「である」ではなく「だった」と書いたのは、中国は南シナ海全域で領海を主張しているからである。フィリピンとは、一触即発状態に見えるほどだ。ボルネオに対しても領土を主張し始めたが、その根拠は、ボルネオから漢の時代の須恵器が出るからだという。

漢時代のものが出土するからその土地はわが国のものだという強引な論理が通用するのなら、後漢時代の金印や鏡が出ている日本も、中国のものとなってしまうだろう。

■朝貢圏の構築と拡大解釈、そして中華天下論

ところで、中国の歴代王朝に対して「朝貢していた」という歴史的現象は、そもそも領土主張の根拠になり得るものなのかという疑問にも私なりの答えを出してみたい。そのうえで「朝貢」を拡大解釈した果てに生まれた「中華天下論」についてもここで考えてみる。

そもそも、朝貢とは何か。朝貢とは、漢字の文字通り、朝廷に貢物・贈り物を持って訪

れることである。それは要するに、単に何らかのモノを携えて朝廷にやってきて、見返りを求めたというだけの話であって、これをもって、中国の領土の一部になると表明したわけではない。

この現象を歴史学者たちがどう解釈したかというと、興味深い説がいくつかある。ひとつは、米スタンフォード大学のマーク・マンコール教授が1971年に発表した『ロシアと中国』という書物の中で唱える、「西北の弦月《げんげつ》」と「東南の弦月」という二元構造の仮説である。

弦月とは半月のことで、「西北の弦月」とは、今でいう大清帝国の新しい領土、新疆のイスラム教を信仰するテュルク系諸小集団を指す。清朝皇帝は、彼らの一部に対しては自らが保護者であり、イスラムを理解する支配者であり、ハーンであるという顔をする。そしてテュルク系の人々も、政治の面では満洲人の皇帝をハーンと呼ぶ。これが「西北の弦月」に対する部分的支配、「月の半分」程度の支配だ、という解釈である。

一方の「東南の弦月」とは、琉球、朝鮮半島南部、そして東南アジアも含めた地域を指し、こちらはいわゆる冊封《さくほう》体制で、それぞれの王を王として認め、冊封使を送る。

そしてこの書物が刊行されたのちに、日本の歴史学者の浜下武志氏が『朝貢システムと近代アジア』という書を出版した。この浜下氏が朝貢システムという概念を打ち出したのである。同書の内容によると、朝貢システムにおいては周辺国が中国に貢物を持って訪れ、王という称号も付与や追任されるものの、領土の一部になることは意味しない。実際に朝貢システムは、中国領に入る意思を示すものでもなんでもなく、別の表現をするなら一種の貿易体制、すなわち経済的なシステムなのである。

なお、この経済的システムとしての朝貢システムは、元朝に由来する。元朝は遊牧民のイメージが強いが、海洋国家としての側面も持っていた。

たとえば西アジアのイル・ハン国（現在のイランあたり）やマムルーク（現在のトルコとアラビア半島一帯）と交易を行うときや、西のイスラム世界にチンギス・ハーン家の娘たちを嫁がせるときは、実は陸上ではなく海上ルートを用いることが多かった。元の都・上都を訪れたマルコ・ポーロも、ヨーロッパへの帰りは海路を使っている。

ちなみに、その海上国家・元が崩壊したことによって、東アジアの海岸一帯には倭寇が登場することになる。倭寇と呼ばれるようになった人々は、元の時代にすでに貿易で潤っていたところに、明国が海禁政策を取ったことで、武力によって実利を獲る行動にいたったといえる。

話を戻すと、東すなわち海で結ばれた「東南の弦月」の地域にとって、朝貢は海洋貿易であったのだ。それだけでなく、西の陸上で結ばれる地域にとっても、朝貢はキャラバンつまり商売である。明国が東トルキスタンやカシミールの人たちに朝貢を呼びかけると、彼らは喜んで中国を訪れた。

しかも朝貢時、明国側は十数人程度の使節団の訪問を想定していたにもかかわらず、実際には水増しされて数千人に膨れ上がっていたという記録が残されている。

明国に朝貢で訪れると豪勢にもてなしてくれることから、われもわれもと喜んで参加したわけで、この喜ぶという状況を見るだけでも「朝貢する」＝「中国の領土に入る」という図式が成り立たないことは容易に理解できるだろう。

皇帝はそのような大規模使節団は認めないと言っていたようだが、万里の長城の守備隊は賄賂を受け取り、数千人という数でも入れてしまう。それが朝貢というものであり、実利を得るために中国を訪問するのであって、実態はあくまでも経済貿易。間違っても一部あるいは全部を領土として差し出しにきたのではないのである。

加えて、明国も後半になり、支配力が衰えてくると、東南沿海部の住民たちが東南アジアへ逃亡するようになる。現在のマラッカあたりに古い時代の中華系の人が住むようになったのは、この時代からのことだ。ただ、中国はこれに関しても「華僑がいる場所はわが国の領土だ」というように恣意的に解釈する傾向がある。

いずれにせよ、朝貢システムとは基本的に貿易、つまり経済活動にすぎなかった。その経済活動を現代の中国は政治的に解釈し直す。

周辺民族の中華への憧憬、豊かな中華への憧れであり、中華皇帝の権威を受け入れた結果の投降・帰順であって、朝貢した国は属国化したのだ、と拡大解釈するのである（何度も繰り返すが、朝貢した側にはそういった考えは一切ないにもかかわらず、である！）。

■歴史に埋もれた中国の対外拡張の手口

こうした中国側の見方は古くから時折暴走し、国際問題を巻き起こす事例もあった。中央アジアのサマルカンドに都を置き、チンギス・ハーンの後継者ともされるティムールが築いた巨大な帝国・ティムール朝にスペイン国王の使節が訪れていたとき、たまたま明国の使節も来朝した。

この明の使節が傲慢で、ティムール朝に対し朝貢を求めていたと第三者であるスペイン

写真16　中央アジアのウズベキスタン共和国首都タシケントに建つティムール像。ティムールはウズベク人の祖先と位置づけられているし、ウズベク人はチンギス・ハーンの長男ジョチ・ハーンの後裔だと自他ともに認識されている。2018年夏撮影。(筆者所蔵)

側の記録に残っている。あまりに礼儀を欠いた明国使節の振る舞いを見て、スペインの使節はこれが外交なのかと唖然としたという。しかもその相手は、中央アジアの覇者・ティムールなのだから。

案の定、ティムールはその「外交」に対する返事として、大軍を整え、明朝征服作戦に乗り出す。この作戦にティムールが着手した理由については諸説あるものの、歴史としては、東へ向かうためにまず北上したティムールの大軍は天山山脈の麓で冬を越した。その間、ティムール自身が急死し、征服作戦は頓挫してしまう。

ともかく、中国の使節が、上から目線で傲慢に振る舞ったことが引き金となり、軍事衝突へと発展しそうになった出来事が実際に起きていたわけだ（これこそ、今でいうところの戦狼外交！）。朝貢＝中華の下に入るという自己満足の思想が破綻しかけたひとつの事例といえる。

さらには、外交文書の改竄も行われてきた。相手としては貿易目的で中国へやってきたにもかかわらず、中華の視点から「彼らはわれわれに憧れて中国を訪れ、冊封すなわち王として認めてもらうことを望んだ」と書き換える。

この書き換えは、万里の長城の守備隊が実際に行なっていたことがわかっている。これはきわめて有名な文書であり、日本の東洋史学者も長く騙されてきたものだ。

16世紀にモンゴルを支配した実力者にアルタン・ハーンというハーンがいる。彼はモンゴルにチベット仏教をふたたび導入したことでも知られ、チベットの高僧に「ダライ・ラマ」という称号を与えた人物である。実は「ダライ・ラマ」はチベット語ではなくモンゴル語で、「海のごとき師」を意味する言葉だ。

このアルタン・ハーンが、万里の長城を隔てて明国と交易している。中国の茶と遊牧民の馬を売り買いするので、「茶馬貿易」と呼ばれる。この貿易は、遊牧民はお茶だけでなく絹や鉄製品、そして明国側は戦のために馬を求めるという需要と供給がマッチしたものだったが、中国側は破れた鍋しか売らず、遊牧民側も駄馬しか売らないのが実態だったようだ。

とはいえ、少なくともそうした交易自体は行われ、交易の場として国境には公認の「互市」も設けられた。

あるとき遊牧民は明国皇帝の権威を認め、交易を促す文書をモンゴル語で書いてきた。ところがそれを長城守備隊が改竄し、モンゴル語で「大明皇帝より私に順義王の称号を与えてほしい」と書き換えた。この文書をもって、中国は当然だが日本の東洋史学者も長いあいだ「モンゴルは一時、明に帰順（順義）していた」と考えるようになった。

ところが、この文書は縦書きで右から左へと書かれていた。漢文も日本語も右から左へ書くのだが、モンゴル語は縦書きであることは同じながら、左から右へと行を進める言語である。それゆえにこの文書は改竄されたニセ文書とバレてしまったわけだ。改竄を行なった漢人の長城守備隊が、ついモンゴル語を右から左へ書いてしまったのだろう。

モンゴルに生まれた私なら、一目で偽造だとわかるのだが、日本の東洋学者は後々まで気づかなかったという有名な話がある。長城守備隊は、このように文書を都合よく改竄していた。すると明国の皇帝も、モンゴルの圧力が強まっていた時期でもあり、順義王すなわち明に順応するという意味の王の称号を与えた。アルタン・ハーンは、おそらくはもらえるものならもらっておこうという程度の反応だったに違いない。

ともあれ、このように長城守備隊のような地方官吏が勝手に仕組んだ文書であって、その一事をもって16世紀のモンゴルが明の一部であったといえないことは間違いない。

この朝貢システムを国家主権と重ね合わせ、明国の権威を認めていた＝中国の領土であったと解釈すると、滑稽な例も登場してくる。清朝の光緒帝に関する実録を読むと、滅亡寸前の清朝に「本日イタリアが朝貢に来た」「フランスが朝貢に来た」といった記述が見つかる。

イタリアもフランスも、いうまでもなく朝貢に訪れたわけではなく、滅亡も近いのだから降伏しろ、どこどこを租借地にせよ、そろそろ自由貿易できるようにしろ、といった具合で、要は外圧をかけにきたわけだ。それらの歴史も、清朝側では「朝貢」と記録されるのである（一事が万事、この調子である！）。

外国から使者がきたらイコール朝貢だと考えてしまう歴史的習癖をもつ中国。その国家がいう朝貢をもって、近代国家主権とかかわる領土の根拠とするのは所詮無理な話であるということをこれでご理解いただけただろうか。

2　中国「対外拡張」の歴史を掘り起こす【対北編】

■中国の買収、戦略的な和親、物質的誘惑に北方民族はどう対峙したか

対外拡張の歴史について、東西南北それぞれのエリアの動静について詳しく見てみよう。まずは対北、北方民族についてである。

北方の遊牧民に対しては、基本的に買収、和親、物質的誘惑が中心となる。ロシア、モンゴル、そしてテュルク系諸民族も含めて北にいる彼らと古代中国との歴史的関係を見ると、万里の長城は内側を守るためにつくったものであって、近代まではその長城の北へ進出することはなかった（というより、遊牧民の軍事力が強大で、北方に対抗できなかっただけのことだ！）。

しかし、遊牧民側からは、万里の長城を南へと突破するのはそう難しい話ではなかっ

た。その要塞たる長城の北方地域は、日本の教科書に書いてあるように、閉鎖された地域であったかというと、実はそうではない。

モンゴル高原、あるいはシベリアも含めたこの地域は、草原の道で中央ユーラシアとダイレクトにつながっている。ユーラシアの中央には何も邪魔するもののない平らなステップ地帯が広がっており、そのエリアを通じて、東と西がスムーズに結ばれている。

この草原の道の南に来ると、天山山脈があり、またパミール高原があり……と、進軍には遠回りが強いられる。この地を通るシルクロードには沙漠地帯があり、実は相当に苦難の道程なのである。

日本の教科書では、匈奴が滅んだ後、突厥が有力となる前後に、高車《こうしゃ》という民族が活動したと記されている。高車とは読んで字の如く、車輪の高い車に乗っているテュルク系の人々を指す。

彼らはこの高い車――実際には牛車やラクダ車だが――に乗り、草原の道を西に東に行ったり来たりしていた。しかし長安からローマまで向かうのは至難だったからか、あのティムールでさえわざわざ天山の北へと向かった。そしてその途上、越冬中に死にいたるのだが、彼が天山の北麓を回ろうとしたのも、南のシルクロードではなく草原の道を通りたかったからだろう。

また、北方の遊牧民が西へ向かおうとすると、モンゴル高原の西にある東トルキスタンも必然的にかかわってくるため、北は常に西とセットで考えるのがわかりやすいだろう。

先述のように、北方の、たとえば匈奴の脅威に対して、漢は、和蕃公主として王族の女性を送り、通婚政策をとった。この事実をもって現代中国は、和蕃公主を中国の民族団結のシンボルと捉え、中国の女性が嫁いだ土地は中国の領土である、と歴史をすべて侮辱的に解釈し直している。

現実には、和蕃公主は王族といっても皇帝の娘が嫁ぐケースは少ない。匈奴に嫁いだ有名な王昭君などは、そもそも王族の娘ではなくいわゆる後宮3000人のひとりであり、自ら進んで名乗り出たともいわれている。

また突厥の時代には、12歳にも満たない少女を送ったこともあったと先に触れたが、それは中国にとっては、それほどまでに遊牧民が脅威だったということの証左だろう。

ところが不思議なことに、モンゴルは和蕃公主をもらっていない。またチンギス・ハーンの側も、娘たちは世界中に嫁いでいるにもかかわらず、中国には嫁いでいない。

それは満洲人にも共通する。満洲人も貴族階級は漢人と通婚せず、この伝統は1912

年の清朝崩壊まで脈々と続いていた。

満洲人は自分たちのほうが中国（シナ）の主人だと考えていたからこそ、満洲から漢人に嫁がせるようなことはしなかったわけだ。

■中国は「新石器時代の技術のまま現代に入った」!?

このように、モンゴル高原の遊牧民は古代から西の世界とつながり、あくまでも「ユーラシアの民族」である一方、長城の内側の王朝との関係では常に一線を画していた（それゆえに中国の少数民族であるという解釈も成り立ち得ない！）。

それに対して長城の内側にある王朝は、南進してくる遊牧民の軍事力を止めるためにさまざまな手を講じてきた。そのひとつが、先述の和蕃公主としての女性の提供であり、さらに平時の貿易、すなわち茶馬貿易である。

通常、他国と貿易を行うと併せて新たな技術も流入し、一種の技術革新が起きるものだが、中国の場合は茶馬貿易を厳しくコントロールしたことにより、技術革新のチャンスがもたらされなかった。これは中国科学史を研究する有名な学者が指摘しているところである。

対照的に、遊牧民の側は、ユーラシアの西の先進地とつながっているため、すぐれた科学技術を有していた。たとえば、新疆のテュルク系ウイグル人の農業技術は高度だった。

新疆はイランやメソポタミアと同じく乾燥地だが、天山山脈の水を地下からカナート（地下水路）で引き、作物にも多様な品種改良を施していた。乾燥した大地でありながら、農産物の種類は豊富だったのである。

ところが中国では、農作技術が発展しなかった。欧米や日本の科学史学者たちの指摘によると、極端な言い方をするなら、中国は新石器時代の技術のまま現代に入ったともいえるらしい。

中国にも、非常に古い時代から錬鉄すなわち鉄を溶かす技術や、さらにその前には青銅器鋳造の技術があった。しかしながら、博物館で古代中国の青銅器を見れば気づくだろうが、立派なものはすべて礼器だ。

礼器とは王朝の儀礼用、祭祀用の器である。そして中国には、鉄と青銅でつくった農機具があまり見られない。なぜかといえば、権力者がつくらせないからだ。農民が鉄と青銅を用いて武器を製造するのを恐れていたからであろう。

写真17　東トルキスタンこと新疆ウイグル自治区のベシュバリク遺跡の城内にある畑と城外の林。天山からの雪解け水をカナートで引いて利用し、品種改良を繰り返した多種多様な果物と穀類を植えている。1991年夏撮影。(筆者所蔵)

そのため農民は、2000年にわたって石器時代のもののような器具を用い、農業を継続してきた。それが中国の農村社会の実情であり、進化よりも、長い歳月の持続を自慢する中国史の真実でもある。

戦前、中国に駐屯した日本軍の将校たちが、中国の農業を見て驚いたという話がある。

日本軍兵士の多くは農民の家から出ており、将校たちも農業のことをよく知る士官学校出身者が多かった。彼らからすると、中国の農業は進んでいると考えていたものの、実際は日本のほうがはるかにすぐれていることを現地で知って驚いたわけだ。この状況を先述の科学史学者は、中国の農業は「新石器時代のまま」という表現で指摘したのである。私の恩師で、戦前に上海同文書院という大学を出た日本人も同じ事実を目撃し、同様の分析をしていた。

これは権力者が農民の反乱を恐れたことに加えて、鎖国貿易が自身の発展を阻害した面も否定できない。今、習近平の手口が凶暴化しているが、これには欧米がハイテク技術の輸出を止めていることも関係している。先進技術が入ってこないということは、それだけ国にとって脅威になるということだ。

遊牧民と中国は、茶馬貿易に加えて絹馬貿易も行なっていた。遊牧民にとって茶はおいしい飲み物であり、絹も服の素材として魅力的で、とりわけ遊牧民の王家や貴族が好んだ。ただ、中国とのこの関係は良くないと気づいた人物がいた。7〜8世紀の突厥で活躍したキョル・テギンである。

キョル・テギンは唐の玄宗皇帝と同時代の人物で、突厥のハーンの弟だが、彼は亡くなる前に石碑を建て、そこに自らの墓碑銘として「中国を信用するな、やつらは甘い言葉と絹でわれわれを騙す、近づけば死ぬぞ」といった意味の言葉を書き残したのである（それが、突厥碑文のなかでも有名な「キョル・テギン碑文」だ!）。

中国は武力では突厥に負ける。その代わりに、柔らかいシルクと甘い言葉で首を絞めてくる、だから気をつけろ……という訓告である。戦後の日本の政治家も、中国の甘い言葉とパンダ外交に騙されてきた節があるが、このやり口はやはり、はるか昔から行われてきたのである。

中国はこの強い北方も含め、東西南北の異民族の地へ後の時代に進出した際、城壁国家の負け惜しみの思想に基づく〝上から目線〟の地名を付ける。たとえば「鎮南」すなわち「南を鎮める」という地名で、「鎮北」「鎮東」といった地名もある。これは軍艦にも「鎮遠」という名を付けた発想と共通している。「安南」はベトナムを指し、遠くを懐柔する「懐遠」のような地名も存在する。

■人口膨張と対外拡張

ところが満洲人が中国を征服して清朝が成立した後、とりわけ漢人以上に漢語と漢籍に抜群に詳しかった康煕《こうき》帝と雍正《ようせい》帝、それに乾隆帝の時代になると、清朝皇帝は中国人が付けたこれらの地名に不満を漏らすことになる。そこで漢人の役人たちは気を利かし、地名を変えることにした。

たとえば「平妖」という名。これは、私の実家の西にあり、妖怪たる北方民族を平定するという意味合いで中国人が付けた地名なのだが、これが「平遥」に変わった。また、「平虜」は「平羅」になった。

典型的なのは「殺胡口」だ。胡とは胡人で、これは主に西の民族を指す。モンゴル高原から西はすべて、中国にとっては「胡」なのである。

日本にも胡瓜や胡麻、胡座といった言葉があるが、およそ胡がつくのはイランなど中央アジアから中国へ伝わったもので、要するに中国ではうさんくさいものに対して「胡」という文字を使う。

万里の長城から西へ出ていく関所のひとつが殺胡口だ。これはつまり、胡人を殺して出ていく場所、胡人を殺しに行く地との意味が込められている。それに対して乾隆帝が「胡」の字を問題視したところ、漢人官僚が「虎」に変え、殺虎口となった。乾隆帝自身も時々草原に出てトラを射倒しているので、この名前でOKを出したという流れだ。

新疆も「新しい領土」という発想に基づく命名である。アメリカのニューイングランドやニュージャージーと同じようなものだ。ただし現在のイギリスで、ニューイングランドはイングランドと付いているがゆえにイギリスのものだという発想は、おそらく誰も持っていないだろうが。

新しい土地に新、ニューという言葉を付けること自体は微笑ましくも感じるが、その地は近代に入ると、人口の増加という、国家的な死活問題に直面するようになる。人口はやはり強力な武器になる。清朝約300年の治世は、基本的にパックス・マンジュリカ（満洲人統治下の平和）の時代だった。この頃は日本も徳川政権のもと平穏な時代が300年近く続いたが、日本の場合、江戸時代を経て一気に近代へ脱皮することになる。

ところが、清朝は科学技術が発達しなかったうえ、平和であったがゆえに人口も大きく増えた。最盛期の乾隆帝の頃になると、清朝成立前は1億にも満たなかった人口が4億近くに達していたという。中華人民共和国も成立時の4億に対して現在13億人と急速なペースで膨れ上がったが、清朝時代の人口増加も同様に著しかった。

このパックス・マンジュリカで蓄えた「下僕」たる漢人の人口が、やがて漢族ナショナリズムの担い手として圧倒的な武器となり、主人の満洲人に向かってきた。清朝にはこれを抑えきることはできず、むしろ清朝の力自体が弱まっていく要因となった。

清朝が漢人をコントロールできなくなり、漢人が一気に万里の長城を突破して北へ出てくると、ロシアとの国境まで進出した漢人商人が、今度はモンゴル高原の経済をコントロールするようになった。商売上手で、長城の北も経済的に漢人商人に依存せざるを得なくなってしまったのである。

満洲にも農民が入っていった。満洲は寒冷地であるため、日本の韓国併合を機に朝鮮半島で人口移動が起きると、日本で品種改良した農作物を携えた高麗人（朝鮮人）が清朝領域の満洲南部に入り、その作物を漢人が利用することで人口が増えていった。満洲における人口も漢人のほうが多くなり、漢人の軍閥も出現した。その典型が張作霖《ちょうさくりん》である。張作霖も、もともとは清朝の守備隊の下級軍人だった。

そうなると漢人の民族意識が芽生え、彼らからすれば先住民の存在は邪魔でしかないため、満洲人やモンゴル人との衝突も増えて、各地で大量虐殺が行われるようになったのである。

■ロシアと中国が未来も仲良くならない理由

こうした状況を、モンゴルの北の隣人であるロシアが見ていた。ロシアも16世紀にウラジオストクまで進出し、康熙帝時代の１６８９年に清朝とロシアはネルチンスク条約によって国境線画定に至る。

ネルチンスク条約はラテン語とロシア語、満洲語で書かれており、漢語は用いられていない。清朝からすると漢語は「下僕の言葉」であり、国際条約には使わなかった。言い換えれば、漢語は国際的な言語ではなかったのだ。

中国は今、ウラジオストクもサハリンも自分のものだと主張している。しかし国境はネルチンスク条約で画定しているので、この主張はロシアからすれば中国の挑発と捉えられ、ロシアは中国に対して強い不信感を抱いている。その不信感は、かつてソ連時代の1969年春に、武力衝突にまで発展したことがある。

よく日本のメディアは中国とロシアは仲が良いと伝えているが、私は以前から「中国とロシアは絶対に仲良くならないので安心してほしい」と言い続けている。プーチンもアメリカ保守派寄りのジャーナリストの取材で「われわれの共通の敵は中国だ」と話したことがあったが、それだけでなく、ロシアはこのほど対中国の核演習も実施したとフィナンシャル・タイムズが報道している。

実はあの広大なシベリアに、ロシア人は数百万人しかいない。一方、バイカル湖を擁するロシアのブリヤート共和国には、シベリアに入って不法滞在する中国人がすでに200

万人暮らしており、ロシア人と拮抗する状況を生んでいるため、ロシアは中国人の人口増加に対して危機感を抱いている。

現在の東北三省すなわち旧満洲にも、1億人の中国人が暮らす。ロシアから見れば深刻な状況であり、その意味で、国境を開いたら中国人は大量に入り込んでくるといえる。中国の最大にして最強の武器は、ほかでもない人口であるからだ。

そうした背景もあり、ロシアは中国に対して日常的に強硬手段をとっている。たとえば、中国は日本の海産物を輸入しないにもかかわらず、中国漁船は日本海で漁をしている。しかしながら、中国漁船はロシアの海域に入ろうとしない。

なぜなら、入り次第ロシアは銃撃するからである。しかも威嚇発砲ではなく、人間めがけて撃ってくるのだ。だから中国漁船はロシア側には絶対に入らず、日本側が実効支配する海域でしか漁をしない。

ロシアが中国漁船をためらうことなく銃撃するのは、ロシア人が中国人の心理をよく知っているからでもある。中国人は強硬な姿勢を見せれば引き下がるが、ジェントルマンの振る舞いをすると途端に強気に出てくる。侵入即銃撃という手段は、そのことをよく知っているからこその対応なのである。

3　中国「対外拡張」の恐るべき歴史【対西編】

■征服、和親、宗教弾圧、中国発「一帯一路」の野心

次に対西を見ていく。中国は西に対して、征服、和親、宗教弾圧、さらには現在でいう中国発の「一帯一路」で示されるような野心を抱いている。

一帯一路は、いわば中国お得意の夢想だ。そして中国は、実利と夢想の間に生じるジレンマを常に抱えることになる。

「西」が示すのは、チベット高原を含む地域だ。今日でいうと青海省、チベット自治区、甘粛省、四川省西部、雲南省北部にあたる。標高が高く、「世界の屋根」とも呼ばれている。そのため自然環境は厳しく、人口は少ない。遊牧が主流で、農業は渓谷で小規模な栽培が行われる程度。つまり、中国人が得意な新石器時代風の粗放的農業はチベット高原で

はなかなかできないわけである。

そして、渓谷沿いや湖の周囲に勢力の弱いエスニック・グループ、民族集団が数多く存在する点も特徴だ。

青海省の青海とは、モンゴル語で「青い湖」を表す「ギョク・ノール」の漢語訳である。この地域の地名はおもしろく、青海省、チベットからコーカサスあたりまで、古い地名のほとんどはモンゴル語とテュルク語に由来する。

また、中国南西部の四川省というと日本人にとっては何よりパンダの生息地として有名だ。ただしパンダについて、チベット人はパンダをチベットの動物であり、中国の動物ではないと考えている。

実はかつての中国人は、この白黒の動物を「かわいい」とは思っていなかった。それどころか古くは狩猟の対象であり、中国人はもともとパンダを食べていたらしい（けっして、平和と動物を大事にする「パンダ民族」ではなかった！）。

このパンダを外交カードにする中国については、先に少し触れたが、実はパンダをかわいいと評したのは、四川省や陝西省に清朝時代から入っていた西洋人宣教師たちだったという。

そして、それに気づいた蔣介石の妻で、クリスチャンの宋美齢が、日中戦争時の1941年、中国への支援を取り付けるためアメリカの動物園にパンダをプレゼントし、しかも宋美齢本人がアメリカに赴いて「このかわいい動物が暮らす中国が日本に侵略されている」と米国仕込みの流暢な英語でスピーチしたのである。

この「パンダ外交」は見事に成功。今日も続くパンダ外交の最初のケースは日本に打ち勝つための作戦だったというのだから、まさに歴史の皮肉である。

その後、国民党政権は世界中でパンダ外交を展開。共産党政権も継承し、国民党を国連から追い出した1970年代からパンダ外交を活発化させた。共産党政権によって戦後最初にパンダが贈られたのがアメリカ、そして日本である。

もしも日中戦争がなかったら、パンダが外交の主役になることもなかったかもしれない。その意味では日本はパンダ外交に貢献しているわけだが、本来は日本を打ちのめすための道具として使われたものであり、それが今、日本人の心をわしづかみにしていることは知っておいたほうがいいだろう。

話を戻すが、弱小の民族集団が多いということは中国にすぐ征服されてしまうのでは、と思うかもしれない。しかし実際はそうでもない。というのも、中国人は根本的に欧州人や日本人のような探検精神を持つことがきわめて少ないのである。ここでいう探検とは知的な探検のことであり、単に危険を冒す冒険とは異なることに注意したい。

江戸後期の探検家として知られる間宮林蔵のように、あるいはスウェン・ヘディン（スウェーデンの中央アジア探検家）のように、現地の地理学や水文学、人文学などの知識を持ち、それを検証するため現地へ赴くという意味での「探検」を、中国人は古くから現代に至るまで基本的に行なっていない。

これは現代の中国にも共通する点だ。日本のテレビを見ると、たとえばアフガニスタンで紛争が起きればアフガニスタンの専門家が登場してくる。ところが中国では、そういう人材はあまり見られない。それがなぜかといえば、そもそも探検精神と地域研究の伝統がないからなのである。

そして、なぜ探検精神がないのかといえば、それは「自分が一番偉い」からだ。それゆえに地域研究という視点が欠如しているため、近代に入っても、上から目線で他の国を見つづけ、かつその国に関する知識も不足していることから、中国外交は概ねうまくいかない。だからこそ、中国の外交は煽動外交、「戦狼」外交しか取る道がないのである。

相手に関する知識があれば、どう接触すればいいのかわかるはずだ。ところが知識がなく、頭から「野蛮人」と見下し、研究しようという精神も持っていないため、相手のことをどう考えればいいのかわからないのだ。

とりわけ、北以外に対してはそうした姿勢で臨む。周辺地域のうち北に関してだけは、匈奴、突厥、そしてモンゴルとあまりにも強いため、さすがの中国も研究せざるを得なかった。

ところがそれ以外の地域については、たとえば日本に関する古代の記録も『魏志倭人伝』や『後漢書東夷伝』などに限られた断片的な記述が残されているのみで、それ以降しばらくは記録が見られない。

それゆえ、日本は「空白の4世紀」とも呼ばれているわけだが、中国はあれだけ文字文化が発達していたのだから、日本についてもう少し詳細な記録が残っていて当然に思える。ところが「倭人は野蛮だから関心がない、だから記録に値しない」……これである。

■中央ユーラシアに無知になった中国

もちろん西に対しても同様で、とにかく知識がない。だからさまざまな政策を実施しても、失敗の結果に終わっている。たとえば唐朝の対チベット外交は、チベットが軍事的に強かったことから、当時の吐蕃には和蕃公主として女性を差し出す、つまり女性を使って和親するしかなかった。いわば、やむにやまれぬ外交作戦だったのだ。

それが、繰り返しになるが今になって、吐蕃は唐朝の王家の娘をもらっていたから古くからわが国のものだ、などと主張している。その主張に根拠が何もないことは誰にでもわかるだろう。

唐朝は和蕃公主として文成公主を吐蕃のソンツェン・ガンポ王に嫁がせたが、そもそも文成公主は、Ⅱ部で触れたように第二夫人である。

それをもってチベットは古くから中国の領土であったと言い張るのだが、チベットに残る、ソンツェン・ガンポと唐朝が和平条約を結んだことを示す巨大な石碑には「両国は和親する」と書かれている。

両国、つまり対等の関係であって、チベットが中国の領土であったとしたらこうした書き方は絶対にあり得ない。

西でいえば、ウイグルにも同じように接している。これについてもⅡ部で記した通りだ。いずれにせよ、ウイグルに和蕃公主を送って和親をしなければならなかった理由は、吐蕃と同様ウイグルの軍事力が強かったことに加えて、安史の乱を唐朝が自前の軍隊で鎮圧できないため、ウイグルに援軍を頼んだ見返りという側面があったこともすでに解説した。

唐朝とウイグルの間にこうしたやり取りがあったのも、国とその領土という関係ではなく、双方が現代でいう国のような位置づけにあったからこそである。

加えて、その「他国」の民族をもって「わが国の少数民族」と呼ぶことは、無理がある以前に、もはや滑稽ですらあるだろう。

西ではもうひとつ書いておくべきことがある。日本人が幻の集団と呼ぶ、「吐谷渾《とよくこん》」というおそらくはモンゴル系の集団がいた。3世紀から7世紀頃にかけての時代だ。

チベット高原に暮らしながらモンゴル系言語を用いる集団は、実は今も存在しており、吐谷渾の子孫とされる人たちのことを、中国では「土族《トウ》」と呼ぶ。土族とは土地の族という意味だ。

近代になって人類学者がこの地域に入ると、多種多様なエスニック・グループと出会った。チベット高原とモンゴル高原は、遠いように見えながら実は地理的にも文化的にも緊密につながっている。モンゴルからチベットへは、河西回廊という狭い回廊地帯を通ってきわめて短期間で到達する。そのためモンゴル高原で敗れた人たちの多くは、チベットへと逃げていった。

いわばチベットは、モンゴル高原で活躍した遊牧民の英雄たちの落人の里ともいえよう。チベット高原に暮らすモンゴル語を話す数多くの小集団が、いつの時代に移動してきたかは定かではないものの、これら落人の子孫である可能性は高い。

いずれにせよ、チベット高原はいつしか多民族の楽園の様相を呈し始めた。現在の甘粛省の一都市である敦煌《とんこう》も、多民族の楽園の地として繁栄し、インドや東トルキスタン、パミール、さらには唐国の僧も訪れた。それゆえに敦煌文書は、多種多様な言語で書かれたものが残っている。宗教も多彩で、チベット仏教、イスラム教、キリスト教などが共存していた。

この敦煌やチベット高原、東トルキスタンこと新疆を越え、パミール高原から西の中央ユーラシアとなると、中国にとってはきわめて遠い世界と捉えられた。

そのため、古い時代は前漢の張騫《ちょうけん》が大月氏のもとへ派遣されたように西へ赴いた使者もいるものの、時代が下るとそれも見られなくなり、歴代中国王朝は中央ユーラシアについて完全に無知になってしまった。

ティムールの前で先述のような振る舞いができたのも、ひとえにティムールが広大な版図を誇る大帝国を築いた英雄であることを全く知らなかったからであろう。

中国には「二十四史」と呼ばれる24の歴史書がある。このほとんどの歴史書において、匈奴、突厥、モンゴル、満洲といった身近な脅威をもたらす北の民族を除き、周辺地域に関しては前王朝の記載の丸写しとなっているのが事実だ。詳細な記録を残した人物は、有名な玄奘三蔵《げんじょうさんぞう》をはじめとする僧侶の一部に限られている。

約300巻に及ぶ多数の仏典を漢訳した鳩摩羅什《くまらじゅう》は、名前からも想像できるように漢人ではなく、インド系の父と現在の新疆ウイグル自治区クチャ出身の母との間に生まれた。鳩摩羅什の時代には、インド・ヨーロッパ語系言語を話す人々が現在の新疆まで広がっており、現地の人たちとの交流が進んで、世間で「西域人」と呼ばれる人たちが生まれていた。

こうしたことについても、中国は知識の欠如から情報を持っていないため、差別的な視線をもって西域人を「西戎」「西蔵」「西蕃」などと呼ぶわけである。

■アフリカを戦略的に利用する中国

今、中国のアフリカ進出が注目されている。経済だけでなく政治にまで影響を及ぼし、さながらアフリカ各国を植民地化したかのような「チャイナフリカ」という言葉まで生まれた。そのアフリカに住む黒人のことを、中国人は差別的視線から「黒　鬼《ブラックゴースト》」と呼ぶ。

中国人はもともと肌の色の黒い人々に対して差別的に接してきた。それが現代も続いている。驚くべきことにここ数年にも、黒人青年が洗濯機で洗われて白くなるという洗濯機のテレビCMが流されていた。これはさすがにアメリカの黒人から猛抗議を受けて中止されたが、そもそもジョークとして通らず、近年はよりセンシティブになっている人種差別のCMが平気で放送されていたのだ。

しかし一方で、中国はきわめて戦略的に「チャイナフリカ」づくりを進めている。中華人民共和国の成立直後、国内では1958年からの人民公社政策の大失敗で数千万人という大量の餓死者が生み出された。

にもかかわらず、ちょうどこの時期にアフリカ諸国で盛んになっていた欧州列強との植民地闘争をチャンスと捉え、独立運動を支持して多くの国に食料を援助した。そのためアフリカ諸国は一気に中華人民共和国支持へと傾き、国連も1971年に中華民国（台湾）追放を決定するにいたったわけだ。

このように、中国はアフリカを人種面では差別しながらも、戦力として利用することは考えていた。

2019年には、山東大学がアフリカ諸国からの男性留学生1人に対し3人の中国人女性の学生をチューターとしてつけるという「学友制度」を実施していたことが明らかになった。性的関係を奨励する「学友制度」の実態が暴露され、広く注目された。

アフリカからの留学生の多くは有力者の子であり、帰国後は枢要な位置を占める可能性が高いため、ハニートラップを公然と仕掛けてアフリカにおける中国の影響力を高めようという魂胆が見透かせる。

習近平が提唱した一帯一路構想は、アフリカやヨーロッパまで含まれているが、私にいわせれば、そもそも中国と欧州がダイレクトにつながるという考え方自体が幻想だ。

かつてのシルクロードは、長安からローマまでを直接つないだ道ではない。シルクロードという概念は、ドイツの地理学者・リヒトホーフェンが絹貿易の交易ルートが存在していたと仮定して名付けたもので、史実としてその道筋はほぼ機能していない。少なくとも、中国人がシルクロードを通じて欧州の文明地と直接つながっていたというのは、単なる幻想、夢想なのである。

現実にさまざまな物を西へ東へ運んでいたのは、中央アジアとインド周辺の遊牧民、そしてオアシスの住民である。東と西は彼らを通じてつながってはいたものの、そのルートの担い手は決して中国人ではない。中国人は自身が建てた長城によって、外へ行くことも禁止されていたからだ（ある意味、ありがたいが！）。

ところが中国では、「文明の発祥地」である東の中国と、西の文明地を、間の中央ユーラシアを飛び越して結びつける道だという仮説を実現したいと目論んでいる。それが政策の形として現れたものが習近平の一帯一路であって、実態は中国主導の国際秩序を構築するためのスローガンにすぎない。

4　歴史にみる中国の対外拡張【対南・対東編】

■海の「内海化」、海上の「シルクロード」実現という思惑

中国は歴史上、海を通じた外交や侵攻をほぼしてこなかった一方で、陸上については、相手側に関する知識はさほどなくても、北方や西方と対峙してきた経験値を活かすことで拡張をしたたかに進めてきたといえる。

それゆえ、中国が今、南シナ海の「内海化」を始めていることは深刻に受け止めたほうがよい。海上の拡張は経験値の少なさが、きわめて傲慢な姿勢につながっているように見受けられる。

南方への拡張はとくに陸上と海洋で両様の異なる展開が見られる。

まずはミャンマー（ビルマ）だが、中国は今、ミャンマーの軍事政権を飼いならしてい

るようだ。その背後にあるのはやはり、雲南省からミャンマーを通ってインド洋につながるルートを確保したいとの狙いだろう。

ミャンマー、タイ、ラオスが国境を接するこの地域では、かつてシャン族系王朝が中国に朝貢していたという歴史があるものの、それが中国の領土になるという論理は通らないことはここまで見てきた通りだ。

近代に入って、この地域は中国大陸で勢力争いに破れた敗残兵が入り込む巣窟になった。いわゆる「ゴールデン・トライアングル」地帯と呼ばれるエリアで、現在は麻薬供給の一大拠点になっている。

もともとこの地域では、先住民のカチン族によってケシが栽培されていた。カチン族はケシを薬として用いていたのだが、中国国民党の敗残兵が栽培を組織化し、麻薬として各国へ輸出するようになった。

のちに文化大革命の時代、紅衛兵の怖いもの知らずの青年たちが越境し、国際共産主義革命の成就をめざしてこの地域に入った。そして、その一部が国民党敗残兵の子たちと合流し、麻薬精練者となって、現在の悪名高いゴールデン・トライアングルが出来上がっていった。

写真18　雲南省南部沙甸村のモスク。雲南省のムスリムの祖先はモンゴル帝国時代に中央アジアから移り住んだ人々。堅牢なイスラム信仰を保持したがゆえに、歴代の中国政府にたびたび弾圧された。1975年7月には人民解放軍が村を包囲して砲撃し、2000人もの村民を惨殺した。2012年夏に撮影した円形ドームはその後2023年に「宗教の中国化」の目的で破壊された。（筆者所蔵）

この地域では紛争も頻繁に起きているが、争いの当事者である各勢力は、実は中国が牛耳っていると思われる。

中国は各グループを定期的に北京へ招き、もてなすだけでなく、彼らに武器弾薬を等しく提供し、高級幹部に指令も出して緻密にコントロールしている。ミャンマーゲリラに至っては、中国共産党が訓練しているのが実情である。

中国がこうしたアウトローたちをコントロールしようとしているのも、メコン川流域での拠点づくりはもちろん、インド洋にいたるルートの確保という、より大きな目標があるからだ。

実はこうした戦略には前例がある。日中戦争以降、日本と戦う中国国民政府に連合国が物資を送り届けた、いわゆる「援蔣ルート」である。

中国は援蔣ルートの戦略的価値を理解し、これを一帯一路構想の「一路」すなわち「海上のシルクロード」実現に向け、インド洋へのルート確保に活用したいという思惑が背後にある。

■ベトナム、フィリピンへの内政干渉

次にベトナムを見ていく。ベトナムは歴史上、中国の南下に徹底的に抵抗してきた、中国にとって具合の悪い存在である。ただ、情勢によって中国はベトナムと戦うこともあれば、協力関係に転じることもある。

中国の歴代王朝はベトナムを越南と呼んできた。この隣接する地域には古来、数多くのエスニック・グループ（百越）が暮らしていたが、そうした民族についての知識も当然持たず、人類学や地域研究の専門家が近年も驚くほどいない。

1960年代、中国はアメリカと戦争するベトナムを援助していた。しかしベトナム戦

争が終結し、全土が共産主義によって統一されて以降のベトナムは、北京からすれば「中国のいうことを聞かない国」と見えるようになってきた。そこで1979年、中国は鄧小平の指示のもと「ベトナム懲罰戦」として中越戦争を仕掛けた。

この中越戦争には、実はもうひとつ目的があった。国内の不満の転換である。1976年に文化大革命が終わった後、文革で死んだ人々の名誉回復がなかなか進まず、経済も疲弊して、国内の不満は溜まりきっていた。

そこで国民の目を別方向に向けるため、ベトナムになだれ込んだという側面は否定できない。これは経済に陰りが見える現在の状況と似ている部分もあり、それゆえに「台湾懲罰戦」も懸念されているのである。

中越戦争の実態は、中国のボロ負けだった。ベトナム軍が強かっただけでなく、中国側は武器が貧弱で、とにかく弱かったようだ。私も同じ高校で中国の陸軍士官学校に進んだ先輩から、武器弾薬の不足に加えて、将校の腐敗も進んでいたなど現地従軍時のエピソードを聞き、納得したものだ。

ともかく、ベトナム懲罰戦には敗北した。それでも中国はやはり海が欲しいということで、漢の時代の須恵器が出土したなど言いがかりに近い根拠をもとに、今、南シナ海の名地に要塞を築いている。

さらに最近は、シンガポールにも接近している。マラッカ海峡をおさえたいからだ。

マラッカ海峡沿いには、明国の時代に内乱から逃げ出した中国系の人々が住んでいる。移住から数百年が経ち、彼らの多くはすでに中国人のアイデンティティを感じていない。そもそも中国語も話せない人が多いのだが、中国は今こうした人たちに対して工作を行なっている。

たとえば子を北京に留学させ、「愛国華僑」になるよう愛国教育を実施する、といった具合である。こうした状況にマレーシア政府は警戒を隠さない。

同様に、数百年前に移住した華僑が多いインドネシアでも警戒感が高まっている。日本にも横浜や神戸、長崎などに、すでに中国アイデンティティを有していない華僑が多く住んでいるが、そうした人間でも愛国教育を行えばルーツに目覚めてしまうので、今後、日本でも問題化する可能性は否定できない。

今、とくに緊張関係にあるのはフィリピンである。フィリピンの沿岸近くまでが中国領海だという中国の主張に対して、フィリピンはハーグの仲裁裁判所に提訴し、裁判所は中国の主張を認めない裁定を下した。

しかし中国はこの裁定を無効、いわば「紙くず」だとして受け入れず、フィリピン漁船への妨害を続けている。国際条約などを「紙くず」だと言い張るのは、中国がよく使う手段である。

問題は、中国による南シナ海の要塞化を許したのはアメリカのオバマ元大統領だということである。オバマは大統領当時、軍事要塞化はせず灯台を建てるだけという中国側の主張を信じてしまった。ところが、今は軍事拠点と化している。

中国は国際間で決められた条約や判決さえ簡単に反故にしてしまう歴史をつくり続けている。ただ、それ以上に、何の保証もない口約束を信じてしまったのは、オバマによるアメリカの大失策だといわざるを得ない。

■日本と古代中国の長い関係史の深層

そして今度は、東への対外拡張の歴史を見ていこう。

日本は、古くは「東夷」と呼ばれる存在だった。もともとこの東夷という言葉は日本ではなく、当時の中原からすると未知の地域だった現在の山東省あたりを指していたが、その概念が東へ拡張され、朝鮮半島や日本も含まれていった。そこで、より厳密な概念として日本については「倭」という言葉も使うようになった。

倭も、中国にとってはベトナムとは異なる意味で具合の悪い存在だ。なぜかといえば、なかなか朝貢にこなかったからだ。

邪馬台国の卑弥呼は、三国時代の魏に使者を送った。これは卑弥呼による朝貢だというのが定説だが、私の考えでは、卑弥呼は三国時代の大陸の状況をしっかり見定めながら、海でつながりやすい呉ではなく魏に使者を送ったのであって、朝貢ではなく、非朝貢冊封国だった。

倭について、『魏志倭人伝』は丁寧な記録であるものの、それ以降、近代の留学生たちまで日本に関する細かな記録は残っていない。それはつまり、繰り返しになるが知的関心がなかったのである。

対して、日本からのアプローチは数々行われてきた。たとえば倭寇もそのひとつだ。倭寇は先ほども触れたように、海洋国家・元朝が衰退・崩壊して貿易が難しくなり、13世紀から16世紀にかけて武力を用い中国沿岸を荒らし回った。もっとも、「倭寇」も多民族軍団だった。時期によっては、朝鮮半島や明朝沿岸部の者が多かったのは事実である。

この時期、日本では銀が大量に見つかり、各地で産出されるようになる。石見《いわみ》銀山が繁栄したのもちょうどこの頃だ。その銀を使って国際貿易を行おうにも、元の後を受けた明国は海禁つまり鎖国していたため、武力に訴えたのが倭寇である。

これに対して平和な交易が行えた時代は、中国から漢籍や陶磁器などさまざまな文化的産物を選んで運んできた。

中国からすると、そもそも日本は、漢字や唐風建築も含めて中国が「教えてやった」相手であり、「下位の存在」である。もちろん文化は他の地域に伝わって新たな発展をしていくものなので、「教えてやった」と恩人を気取るのも、「教えてくれた」とへりくだるのも問題なのだが、いずれにせよ中国が日本を「下位の存在」と考えていたのは確かである。

ところが近代になり、日清戦争で立場が逆転する。清国から数多くの留学生が日本を訪れ、日本から西洋の近代的知識を輸入するようになった。それも前述の通り、満洲人の王朝ゆえに可能だったのであり、漢人の王朝なら「下位の存在」に学びにいくことなど絶対になかった。

ともかく満洲人の清国は日本に学んだ。その流れの中で、満洲人の「下僕」だった漢人の梁啓超や魯迅、孫文や蔣介石といった国民党のリーダーたち、国民党系の知識人たちが、こぞって日本へやってきている。

共産党をつくった漢人の李大釗《りたいしょう》や陳独秀《ちんどくしゅう》らも早稲田大学で学んだ。こうして見ると現代の中国は和製国家とさえいえるくらいだ。現代中国で用いられる重要な言葉のほとんどが、日本から逆輸入した和製漢語だった。

ただし、満洲人王朝といっても、多くの漢人がいる。負け惜しみにとらわれた漢人は、「下位の存在」から教えてもらうなどとは絶対に認めたくない。

私はよくこのテーマについて中国人と議論する。北方遊牧民も匈奴の時代から中国をたびたび侵略してきたのに、なぜ北方遊牧民のことは馬鹿にせず、日本に対してはいつも「小日本」や「日本鬼子」と見下げたようにいうのか、と私が問う。

すると彼らは「あなたたち（北方遊牧民）はわが中国とお茶やシルクを交易したが、中国に何かを教えてほしいとせがんだことはなかった。日本が許せないのは、あれが欲しいこれが欲しいと求めてきて、教えてやったのに、中国を侵略したからだ」と答える。要するに、下位の日本に自分たちが教えてやったのに、恩を仇で返したと考えているわけだ。

しかし事実は前述のように、漢字も漢籍も中国が「教えてやった」のではなく、あくまでも日本側が主導し、交易を通じて入手したのである。

仏教においても、古代・中世の時代から、日本は海を越えて、大陸に渡り、その教義も持ち帰り、日本の土壌に合うよう吸収し消化して、広めていった（今も日本国内で高名な最澄や空海、道元といった高僧も皆そうではないか！）。

日本は自分たちに必要なものを選び、導入したのであって、不要な制度、たとえば宦官制度などは日本に入れていない。そこには、確実に取捨選択があり、単純に「教えてもらった」わけではない。逆に、その自発的な学びにおいても、中国への尊敬の念や恩義を感じることは、これからの中国との付き合い方を間違ったものにさせる可能性もあるだろう。

■日本への中国の拡張

今、中国は対外拡張を進め、尖閣諸島も中国のものだと主張しているが、領有権を主張するようになったのはよく知られるように１９６９年、この海域に石油埋蔵の可能性があると国連報告書で指摘されて以降のことである。

それ以前の、たとえば1950年代末の中国製の地図でも、尖閣諸島は日本領と記されている。私はその地図を北京の古書店で偶然見つけ、購入して、国土交通省に寄贈したことがある（次ページ「地図3」を参照）。

その姿勢が突然変わったのはなぜか。あくまで想像だが、中国は「下位」の日本が豊富な海底資源を手に入れることがとにかくおもしろくなかったのではないか。加えて、日本を利用しようとの思いもあるに違いない。利用というより悪用といったほうが適切だろうか。

アフリカ留学生やマレーシア華僑に対する工作の話を先述したが、日本に対してもあの手この手で、中国は工作を行なっている。

たとえば学生運動が盛んだった時期には、そのリーダーたちを北京に呼んで革命思想を伝授し、思想だけでなく暴力革命についても指導した。

また、日本の進歩的知識人たちは北京の高級ホテルに泊めてもらい厚いもてなしをされたようだ（だから帰国後、中国を礼賛する文章を書くようになったのではないか！）。

さらにはアイヌ工作も行なった。1970年代、アイヌの人たちを中国に呼び、文化大革命でモンゴル人がジェノサイドされている、まさにその時期であるにもかかわらず、

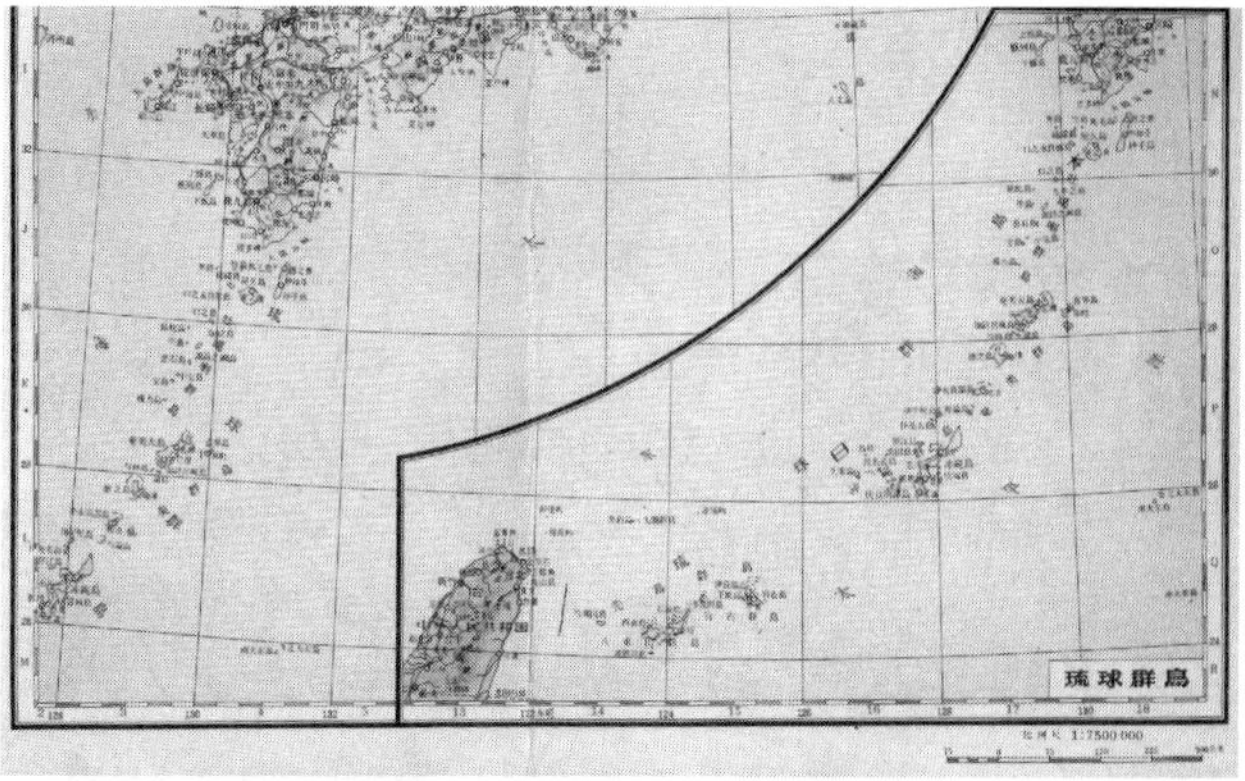

地図3　台湾の色は現物では朱色にされ、その上にはわざわざ「中華人民共和国」との文字を並べたわりに、尖閣諸島は「琉球群島」における「尖閣諸島」と表記し、日本の領土として描いてある中国の地図。『世界地図集』（1958年、地図出版社）

写真19　文化大革命初期に中国と毛沢東を礼賛していた山口県岩国の人々。(『世界人民心向紅太陽』中国人民解放軍鉄道兵政治部編印、1968年より)

「わが国の幸せな少数民族」の虚像を見せて日本に送り返した。

こうしたいわば「日本の悪用」は最近の中国の常であり、天安門事件直後の1992年、天皇皇后両陛下（当時）の訪中も、天安門事件による国際的孤立を打破するために悪用したものだ。これは2023年12月に公開された外交文書で明らかになっている。

日本は「小日本」「日本鬼子」で格下であるはずだが、一方ではうらやましさを感じている点もある。その代表が、長い歴史を持つ天皇家への羨望だ。天皇が変わると元号が変わる。西暦ではなく独自の元号を用いていることも憧れの対象となっている。中国は清朝滅亡の1911年まで元号を使っていた。1912年以降の中華民国には元号があり、現在の台湾でも用いている。そこには生きている歴史に対する羨望があるのだろう。

また、分厚い歴史への羨望も存在する。年号の話にもつながるが、日本の歴史の継続性、文化の成熟度を客観的に見て評価しようという気風は確かに存在し、現在、コロナ禍の影響があったとはいえ、日本を旅行する中国人が大幅に増えたことは誰もが知るところである。ただし、「下位の存在」に対する歪んだ目線で見る中国人観光客もやはり少なくない。たとえば奈良や京都を訪れ、「わが国の唐朝時代の文化が残っている」というように中国中心の「教えてやった」視点で見るわけだ。

もちろん奈良や京都の寺社は、唐朝の影響を受けているのは事実としても実際の工法は唐朝のそれではなく、地震の多い日本にアジャストした独自の工法であることはいうまでもない。着物にしても、「わが国から文化が伝わり、裸の状態だった日本人が文明化した」のだと、「教えてやった」視点で理解しようとする中国人は少なからず存在する。これらの背後にあるのは、いわずもがな、負け惜しみの思考回路であろう。

■台湾有事とその未来

台湾は、中国による侵攻の懸念が取り沙汰される中、「台湾は中国の一部」という主張を明確に否定する頼清徳が新総統に就任したこともあり、引き続きホットな状況に置かれている。総統はこれで3期連続で、中国との統一を否定し、独立色の濃い民進党から出ることとなった。

加えて2024年2月、中国本土と目と鼻の先にある金門島（台湾が実効支配）沿岸で中国の漁船が転覆し、2人が死亡する事故が発生。その後、中国海警局の船が台湾の設定する禁止水域近くを航行するなどして両者の間に緊張が高まった。

漁船が転覆したのは事実だが、死亡した2人は実は漁師ではなく、1人は貴州省の「愛国青年」だった。これも、中国側が台湾の実効支配にほころびを生むため、この事故を利用しているというのが真実であろう。

台湾問題は、いうまでもなく中国の国内問題ではない。国際問題だ。当たり前のことだが、ではなぜ当たり前なのか。

台湾の歴史は国際史に位置づけられるものであり、原住民はオーストロネシア語族の人々。文化もニュージーランドまでの南洋諸島の先住民文化と共通する部分がある一方で、大陸との関連性は薄い。古くから貿易を行なっていた日本や、台湾を〝発見〟したポルトガル、統治したオランダ、スペインなど、世界各国と長い付き合いがあることもⅡ部に書いた通りである。

要するに、台湾史は世界史の一部で、「中国史の一部」ではない。台湾問題も国際関係という視点から見るべき問題であり、中国の内政問題でないことは明らかだ。にもかかわらず中国は、現在も台湾を中国の一部と見ようとしている。

5月に頼清徳の総統就任式が行われたが、金門島の出来事は独立派の頼清徳が就任式で台湾の独自性をあまりに強調する演説を行わないよう、中国側として「いざとなれば金門島を取る」というポーズを示したと考えるのが妥当だろう。

金門島に対しては1958年以降、中国側が砲撃を行なっている。公式記録としては同年の8月末から10月頭の約2カ月だが、実際には1年ほどの期間をかけ砲撃を続けた。その後も20年以上にわたり、砲撃は定期的に行われていた。

写真20　台湾を解放しようと主張する中国のプロパガンダ・ポスター。(著者所蔵)

1988年から2000年まで総統を務めた李登輝は、作家の司馬遼太郎に「台湾人に生まれた悲哀」があると語った。それは、自分たちは台湾人であるのに、生まれたときから中国人と見なされる悲しみ……という意味である。

日本の左翼的な人々は、台湾を中国の一部だと今も見なすようである。彼らは、先の侵略戦争では中国に悪いことをしたと謝罪してきたが、台湾からすれば、自分たちは中国ではないので、「中国にだけ謝罪して台湾には謝罪しないのか」と感じる。それゆえに、台湾の人は必然的に日本の真正保守や右翼的な人々に近づいてくるのである。

とはいえ、彼らにも気づいてほしいことがある。台湾の人、あるいは朝鮮や満洲、モンゴルの人たちが、日本が現地でしてきたことを本心ではどう思っているかという点だ。

それでも多くの台湾人は日本文化が好きだし、台湾は今も日本の支援を必要としている。そのため、日本が先の戦争で良いことばかり行い、悪いことは一切しなかったという主張には、現実的利益からあえて反論しないという大人の対応をしていると考えていい。

日本が1972年、中国と国交正常化を行い、台湾と断交した事実についても同様である。もちろん多くの台湾人が心のなかで、日本に対して複雑な思いを抱き続けているのは確かであろう。

「台湾は親日的だ」という意見は一理あるが、それは無原則の親日ではないということも日本人は知っておいてほしい。そしてそうした認識にたって、日本は台湾に対し、責任ある関与をすべきだと思うのである。

欧州議会は２０２４年2月28日、台湾と中国は相互に隷属しないもので、台湾で選挙により選ばれた政府のみが台湾の人々を代表できるものであり、中国は台湾に対して軍事的圧力をかけていると懸念を表明した。日本もそろそろこうした動きにはっきりと同調すべきではないだろうか。

結び　中国の限界、対外拡張の本質にみる危うさ

ここまで、中国の東西南北に対する見方と拡張のアプローチ、そこに隠されている中国の本質について語ってきた。

結論として、中国は虎視眈々と狙う世界制覇を実現し得ないと私は考える。なぜかといえば、本書で例示を交えて語ったように、中国は近かろうが遠かろうが周辺地域及び民族に対し、その地域と民族を知ろうという思いを根本的に有しておらず、とりわけ近現代の国民国家、近代主権国家が成立して以降の地域研究が決定的に欠如しているからだ。

「敵を知り、己を知れば、百戦危うからず」――世界が学ぶ古代中国の「孫子の兵法」に、現代の中国が学んでいないのは滑稽でもある。その欠如の理由を裏付けるのは、やはり中華思想の根底に横たわる尊大さである。そしてその尊大な中華思想が、一方では学問の低迷と科学技術発展の阻害要因となっている。当然、思想は空洞化し、芸術も空白となる。

それゆえ、中国の偉大な思想家といえば、春秋戦国時代の諸子百家以降、目ぼしい存在

がでていないのではないか。朱子学も、近代化を妨げ、現代中国にまでつながる負け惜しみの思考装置を背負わせた学問だといえるのではないだろうか。

一方で中国は、「弱国外交なし」という外交観を古くから抱いてきた。これは春秋戦国時代の一派が唱えたもので、「弱い国に対して外交は必要ない、だから攻める」という考え方である。

最近のフィリピンに対する外交、あるいは日本に対する出方を見ても、中国はフィリピンや日本を弱い国だと規定し、外交など不要だと考えていることが容易に見てとれるだろう。反対に、アメリカには常に対話の道を開いている。これは明らかにアメリカが今でも強い大国だからだ。

対外的には自身を極力強く見せ、力を誇示したうえで、政治的に外交を進める。「己を知り、敵をよく知る」ような優れた研究者たちは、母国から離れていくゆえに、科学技術面では横取りをしようとする（それゆえ、「太平洋をアメリカと中国で二分しよう」といった提案も平気で行うのではないか！）。

中国の、漢族に端を発するこうした思想と行動は、現在の国際秩序、国際法、そして主権国家の考え方との間に相克を生む。だからこそ、中国主導の国際秩序の再構築は不可能であると私は考えざるを得ない。

仮に中国がその覇道を突き進むことができたなら、この私たちの愛すべき世界にもたらされるものは、不幸な結末でしかないだろう。

おわりに——結章にかえて——

中国の指導者・華国鋒（1921-2008）主席の肖像画を歓迎するモンゴル人、というプロパガンダ・ポスター（1977年）。中国人は古代から自国や自国の指導者を、正義の化身として世界各国や国内諸民族から「熱烈歓迎」される存在だと夢想する。それは、自国を天下の中心、自分たちを「世界で最も優秀な民族」と想像する夢物語の偶像化でもある。そして、相手側の立場に立とうとせず、実際には世界中で嫌われていることを糊塗するものだといえまいか。（著者所蔵）

２０２３年10月７日、パレスチナとイスラエルの武力衝突が勃発した。中東での武力紛争が激化しつつある現在、日本ではイスラム社会における中国の存在感や役割を過大視する論調があるように思う。そうした理解が根本的に間違ったものであることを、この「おわりに」で指摘しておきたい。そのうえで、現在のグローバル社会において、地域研究に立脚した学究的な知識の欠如と、尊大さの誇示という民族的精神面から生じている中国という国家の暴走の現実とその対処のあるべき姿について、今一度整理し、本書の総括としたい。

※この「おわりに」は、筆者が『産経新聞』「正論」欄（産経新聞社、２０２３年11月8日、12月28日）に寄稿した論考をもとに、本書のテーマに合わせ、再構成したものであることを明記しておく。

■ウイグル弾圧のためにイスラムを擁護する中国

中国は、長らく対立してきた中東の大国イランとサウジアラビアの仲介者を演じ、両国の外交関係の復活を「成功」させた。そして、イスラム組織のハマスが軍事行動を起こして戦火が広がると、今度はパレスチナ寄りの発言をするようになった。

なぜか。中国がイスラムの「理解者」となり、パレスチナに「同情」を示すことで、中国政府当局と中国人（すなわち漢族）の利益の確保が可能になるからである。

しかし、そうした中国の思惑は、対象地域の研究をしている者にしか見えてこないものである。たとえば、イスラムを信仰し、テュルク系の言葉を話すウイグル人とカザフ人を数百万人単位で強制収容所に監禁し、女性と子供だけが残った家庭に、中国人の男性を送り込んで、「民族融和の子」を産ませているという状況がある（ナチス・ドイツよりも悪質な人種主義で、断じて許せない！）。

中国語を母語とする回族に対しては、そのモスクを破壊し、中国化を強制している。

そうした中国のイスラム排除の動きに対し、「イスラムの家（ダール・アル・イスラム）」すなわち全世界のムスリムをひとつの家族同然の存在と認識する中東諸国の国民は憤りを抱いている。

ムスリムは、中国マネーをたっぷりともらい、ウイグル人ジェノサイドに沈黙を通すイスラム諸国の政治家や有力者たちの多くが、同時に、イスラエルと外交関係を結び、アメリカに宥和的な姿勢をとることで、経済的な利益を貪っているという現実を知っているからである。また、中東諸国に亡命したウイグル人を「テロリスト」として捕縛し、中国に献上するやり方は、パレスチナの同胞を裏切ることと重なる行為であろう。

パレスチナ人には民族自決権があるという「正義感」に満ちた発言の一方で、モンゴル人やウイグル人、それにチベット人の民族自決権を行使すべきだという主張には、沈黙し、無視をする（ゆえに、この種の漢人たちの「正義」は、虚妄の正義である！）。

このように、習近平政権は全世界に、「政治的・経済的腐敗の文化」を蔓延させようとしている。台湾のような民主主義政権の平和的選挙にも、認知戦を発動し、干渉する。「一帯一路」政策も、全世界を中国の論理で動かし、中国中心の国際秩序を構築しようとする野心的戦略でしかない。

アジアの周辺国が「債務の罠」に陥るだけでなく、アフリカ諸国の資源までが延々と北京へ吸い取られ続けていることを、世界と日本はもはや見過ごしてはならない。

■「他国を理解する」ことを知らない国家があるという現実

では中国はなぜ、このような批判されるべき行為に及ぶのか。さらに掘り下げてみると、ここでも「中国の本質」がみえてくる。

その本質的問題とは、地域や国家、そして民族を体系的に理解するための地域研究に立脚した見識が、中国にはない、ということである。

序章でも述べたように、私は1980年代に、北京第二外国語学院アジア・アフリカ語学部日本語科で学び、その頃から、中国の学究姿勢の実態を目の当たりにしてきた。

私が教わった日本語科では、満洲国（中国がいうところの東北三省）で帝国日本の統治時代に育った知識人や帰国した「愛国華僑」が教師として勤務していた。

彼らは、自身の日本経験と日本人教師から叩きこまれた歴史的知識に即して、自らの講義を行なっていた。日本人の学者が満洲でどんな調査をしたか。多民族混住地域をいかに理解して政策に反映していたか。そういったことを学生に教えた。多感な時期の私は、深い感動を覚えたものだが、要するに、北京第二外国語学院の日本語科の教師には、日本学や東洋学の本当の専門家がいたのである。

ところが、日本語科と対照的だったのは、アラビア語科だった。中国は当時も、社会主義陣営に属する中東諸国との友誼を喧伝していたが、実情では中ソ対立に巻き込まれたくないアラビア世界から敬遠されていたのである。

アラビア語科の教師になる研究者たちは、研究対象とする国の知識をあまり有していなかった。というのも彼らは、中華民国時代の長い期間、アラビア語やイスラム研究の現場から追放されていたからである。それでは、中東に関するリアルな知識を有することなどできるはずもない。

北京第二外国語学院で、アラビア語科を卒業した同窓生たちは、中東諸国の外交官として赴任していった。

1989年の天安門事件後、北京で彼らと再会した際に驚かされたのは、日本にいる私よりも中東に関する情報を持たなかったということだった。大使館からほとんど外に出ずに暮らしていたというのである（なんと、もったいないことか！）。

中国人は、文字を使うようになったときから、周辺の国家についても記録をしてきた。だが、それは基本的に朝貢や進攻に関するものであった。相手側の文化や風俗習慣を野卑と断じており、友好的な関心を抱いての記録ではなかった。

鮮卑や突厥に関する記録があるのではないか、との反論もあろう。しかしそれは、北魏や隋・唐が鮮卑系もしくは匈奴とつながっていたからであって、わずかに例外として残っているにすぎない。漢人の王朝は、基本的に外部世界に無関心にして無知だった。

■世界の歴史を俯瞰し、中国の暴走を阻止せよ！

13世紀に、あまねく遊牧民の指導者チンギス・ハーンはユーラシア東西間の隔絶を打破した。モンゴル系もテュルク系も、そしてペルシア系まで「モンゴル」と称し、世界帝国が建立された。

東西文明の交流は西方世界に人間を尊重する意識革命、ルネサンスを惹き起こし、産業革命へとつながった。アラブ世界が独占していた科学を、西洋はさらに進化・発展させ、やがて資本主義が誕生した。それに対し、レーニンとスターリンは共産主義革命を始め、暴力革命がロシアでまず成功した（それは基本的に、専制主義社会であった！）。

ソビエト連邦には、搾取を否定し、人民を平等に扱うという一瞬の輝きと素朴な魅力はあったものの、最終的にはロシア的専制主義が限界に達し、崩壊した。ロシア人の優勢性が諸民族より強調されていたからだ。

西洋由来の思想が定着していたこともあって、ロシア人の権力は、無血革命でユーラシア諸民族に移譲されることになった。ソ連邦の憲法に各民族の分離独立権が認められていたからである（この点だけは、永遠に称賛に値する「西洋的ロシア」の功績であろう！）。

そして、中国である。

中国にも天賦人権の書物は部分的に翻訳されたし、日本を参考にした立憲君主制への試みもなかったわけではない。満洲人の清朝から権力を禅譲された漢人の中華民国も、旧清朝官僚が政権の中枢にいた頃は相対的に安定していた。

だが、ロシア革命の東遷により、中国人は強引に自国を「半封建・半植民地」状態だと位置づけた。搾取と不平等の資本主義社会を飛び越え、共産主義制度を直接実現させようとして、未曾有の暴力を駆使した（それこそが、毛沢東の共産革命だ！）。

中国人がもつ「他民族よりも優秀だ」という中華思想については、本書で触れてきたが、この華夷秩序の思想は西洋の進化論と相性がよいのだ。その思想が、漢人の負け惜しみの発想と絡み合うなかで、現在の暴虐行為が生まれているといえるのかもしれない。

漢人はモンゴル人とウイグル人、チベット人を「封建社会かそれ以前の奴隷社会の段階に停滞している」と断じ、モンゴルと東トルキスタン・新疆、チベットへの侵略行為を「立ち遅れた社会からの解放」だと正当化した。支配・搾取される諸民族の抵抗は「反革命的な民族分裂的行動」だと歪曲され、歴史事実の書き換えが今も続けられている。

さらにいえば、私の知り得る事例を挙げていくときりがないが、中国共産党は、建国直後から革命思想を世界各国に輸出し、紛争を激化させてきた。ペルーの「センデロ・ルミノソ（耀きの道）」と米国の左翼運動、そして東南アジア諸国をはじめ、アフリカとアラビア各地・各国の左翼ゲリラへの直接的支援、日本の学生運動と反安保闘争への露骨な介入……。一部の国と地域において、中国は公然と紛争の当事者を演じ続けている。

この中国の桎梏《しっこく》から全世界を解放することを、これからのグローバル社会の最大の目標にしなければ、やがて人類全体に甚大な災禍が降りかかるにちがいない。

賢明な読者はおわかりだと推察するが、本書では「漢人」と「漢族」、それに「中国人」をその歴史的文脈内で使い分けてきた。他の研究者たちも指摘しているように、古代から現在に至るまで、一貫した「漢人」と「漢族」、それに「中国人」が存在していたわけではあるまい。いずれもつくられた概念にすぎない。

日本人が天皇を精神の拠り所とするように、チンギス・ハーンを心の拠り所とするわれわれモンゴル人は、それぞれの民族が、お互いの個性を尊重しあう社会の実現というモンゴル人の理想が、夢想に終わらないことを心から願っている。

謝辞

本書はＰＨＰ研究所の藤木英雄さんと白地利成さんの全面的なご支持とご理解のうえで成り立っています。編集にあたっては、伊田欣司さん、斉藤俊明さんにたいへんお世話になりました。

私たちは複数回にわたって議論し合い、毎回、本書の内容の細かいところまで熱い議論と綿密な検討を重ねました。その結晶として、本書を上梓することができました。

漢籍と儒学思想の日本における受容と独自の発展については、藤木英雄さんとのディスカッションのなかで、私の理解も深まりました。

中国をめぐる日本の取り組みと日本社会での受け止め方については、白地さんと伊田さんのコメントが非常に有用でした。この場を借りて、お三方に心から御礼申し上げます。

学生時代には、故・松下幸之助氏が、その最晩年に設立された財団法人松下国際財団（当時）から研究助成（１９９１年度）をいただいて、南モンゴルと新疆ウイグル自治区で現地調査を行いました。

幸之助氏が希求したといわれる「繁栄を通じて平和と幸福を」という願いを、今こそわれわれ一人ひとりが、最高の理念として追い求める時代に入ったと自覚しています。

そのような栄誉ある願いを設立趣旨に掲げたＰＨＰ研究所から、拙著を刊行できたことを最大の名誉に思います。改めて関係者に御礼を申し上げます。

なお本書は、ＪＳＰＳ科研費19K12500と22K12540の成果であります。

参考文献

日本語

ウィットフォーゲル、カール・A（アジア経済研究所訳）『東洋的専制主義』論争社、１９６１年

北尾吉孝『安岡正篤ノート』致知出版社、２００９年

グルバハール・ハイティワジ、ロゼン・モルガ（岩澤雅利訳）『ウイグル大虐殺からの生還―再教育収容所地獄の2年間』河出書房新社、２０２１年

後藤多聞『漢とは何か、中華とは何か』人文書館、２０１７年

黄克武「言葉、戦争と東アジアの国族の境界――「中国本部」概念の起源と変遷」『北東アジア研究』別冊第６号（https://ssl.u-shimane.ac.jp/files/uploads/hokutouSI6_02HUANG_1.pdf）

佐藤公彦『中国の反外国主義とナショナリズム―アヘン戦争から朝鮮戦争まで』集広舎、２０１５年

サイラグル・サウトバイ、アレクサンドラ・カヴェーリウス（秋山勝訳）『重要証人―ウイグルの強制収容所を逃れて』草思社、２０２１年

沢田勲『匈奴』東方書店、１９９６年

杉山清彦『大清帝国の形成と八旗制』名古屋大学出版会、２０１５年

武上真理子「地図にみる近代中国の現在と未来――『支那現勢地図』を例として」村上衛編『近現代中国における社会経済制度の再編』京都大学人文科学研究所、２０１６年（https://www.zinbun.kyoto-u.ac.jp/~rcmcc/11_takegami）

檀上寛『明代海禁＝朝貢システムと華夷秩序』京都大学学術出版会、２０１３年

浜下武志『朝貢システムと近代アジア』岩波書店、１９９７年

藤野彰『客家と毛沢東革命――井岡山闘争に見る「民族」問題の政治学』日本評論社、２０２２年

ビル・ヘイトン（小谷まさ代訳）『「中国」という捏造』草思社、２０２３年

マイケル・ダナム（山際素男訳）『中国はいかにチベットを侵略したか』講談社インターナショナル、2006年
松下幸之助『人間を考える』PHP文庫、1995年
松原正毅『遊牧の人類史』岩波書店、2021年
ムカイダイス『ウイグル・ジェノサイド』ハート出版、2021年
同『ウイグルを支配する新疆生産建設兵団』ハート出版、2023年
安岡正篤『論語に学ぶ』PHP文庫、2002年
同『［新装版］活眼活学』PHP研究所、2007年
山田済斎編『西郷南洲遺訓』岩波文庫、1939年
楊海英『モンゴルとイスラーム的中国』文春学藝ライブラリー、2014年
同『モンゴル人の中国革命』ちくま新書、2018年
同『墓標なき草原─内モンゴルにおける文化大革命・虐殺の記録』上・下、岩波現代文庫、2018年
同『「中国」という神話』文春新書、2018年
同『「知識青年」の1968年─中国の辺境と文化大革命』岩波書店、2018年
同『逆転の大中国史─ユーラシアの視点から』文春文庫、2019年
同『独裁の中国現代史─毛沢東から習近平まで』文春新書、2019年
同『人類学と骨』岩波書店、2023年

中国語

陳永発『中国共産革命七十年（上・下）』台湾聯経、2001年
胡平『犬儒病─当代中国精神危機』台湾博大出版社、2005年
江關生『中共在香港（上・下）』香港天地図書有限公司、2011年

劉鳳雲、董建中、劉文鵬編『清代政治與国家認同』社会科学文献出版社、２０１２年
馬継森『外交部文革紀実』香港中文大学出版社、２００３年
毛沢東『毛主席語録』中国人民解放軍総政治部編印、１９６６年
呉鋭『上古中国的帝繫構造』中華書局、２０１７年
同『你不可能是漢族』台湾八旗文化、２０２０年
同『二十世紀中国史学與史学家』台湾唐山出版社、２０２１年
蕭啓慶『元代的族群文化與科挙』聯経、２００８年
習近平『習近平談治国理政』外文出版社、２０１４年
余汝信『香港、１９６７』天地、２０１２年
中共中央統戦部編『民族問題匯編』中共中央党校出版社、１９９１年

欧文

Atwood, Christopher P, *Encyclopedia of Mongolia and the Mongol Empire*, Facts on File, Inc,2004.
Julia, Lovell, *The Great Wall, China Against the World, 1000 BC-AD 2000*, Grove Press,2006.
Mark C. Elliott, *The Manchu Way: The Eight Banners and Ethnic Identity in Late Imperial China*, Stanford University Press, 2001.
Mark Mancall, *Russia and China: Their Diplomatic Relations to 1728*, Harvard University Press, 1971.
Tsering Shakya, *The Dragon in the Land of Snows, A History of Modern Tibet Since 1947*, Penguin Compass, 1999.
Wittfogel, Karl A., and Fêng Chia-Shêng, *History of Chinese Society, Liao*, American Philosophical Society, *Transactions*, XXXVI, Philadelphia, 1949.

PHP新書
PHP INTERFACE
https://www.php.co.jp/

楊 海英[よう・かいえい]

1964年、南モンゴルのオルドス高原生まれ。静岡大学人文社会科学部教授。日本名は大野旭(おおの・あきら)。北京第二外国語学院アジア・アフリカ語学部日本語学科卒業。同大学助手を経て、1989年に来日。総合研究大学院大学博士課程修了。専攻は文化人類学。博士(文学)。著書に、第14回司馬遼太郎賞受賞の『墓標なき草原(上・下)』(岩波書店)、第3回「国基研 日本研究賞」受賞の『チベットに舞う日本刀』(文藝春秋)と『日本陸軍とモンゴル』(中央公論新社)などがある。

中国を見破る
(PHP新書 1406)

二〇二四年八月二十二日　第一版第一刷

著者――楊 海英
発行者――永田貴之
発行所――株式会社PHP研究所
東京本部――〒135-8137 江東区豊洲5-6-52
ビジネス・教養出版部 ☎03-3520-9615(編集)
普及部 ☎03-3520-9630(販売)
京都本部――〒601-8411 京都市南区西九条北ノ内町11
組版――有限会社エヴリ・シンク
装幀者――芦澤泰偉＋明石すみれ
印刷所
製本所――大日本印刷株式会社

ISBN978-4-569-85748-0

ＰＨＰ新書刊行にあたって

「繁栄を通じて平和と幸福を」(PEACE and HAPPINESS through PROSPERITY)の願いのもと、ＰＨＰ研究所が創設されて今年で五十周年を迎えます。その歩みは、日本人が先の戦争を乗り越え、並々ならぬ努力を続けて、今日の繁栄を築き上げてきた軌跡に重なります。

しかし、平和で豊かな生活を手にした現在、多くの日本人は、自分が何のために生きているのか、どのように生きていきたいのかを、見失いつつあるように思われます。そして、その間にも、日本国内や世界のみならず地球規模での大きな変化が日々生起し、解決すべき問題となって私たちのもとに押し寄せてきます。

このような時代に人生の確かな価値を見出し、生きる喜びに満ちあふれた社会を実現するために、いま何が求められているのでしょうか。それは、先達が培ってきた知恵を紡ぎ直すこと、その上で自分たち一人一人がおかれた現実と進むべき未来について丹念に考えていくこと以外にはありません。

その営みは、単なる知識に終わらない深い思索へ、そしてよく生きるための哲学への旅でもあります。弊所が創設五十周年を迎えましたのを機に、ＰＨＰ新書を創刊し、この新たな旅を読者と共に歩んでいきたいと思っています。多くの読者の共感と支援を心よりお願いいたします。

一九九六年十月

ＰＨＰ研究所